LES

TRAITÉS DE COMMERCE

dits « *Conventionnels* »

LEURS RÉSULTATS GÉNÉRAUX ÉCONOMIQUES,
ET PLUS SPÉCIALEMENT POUR L'AGRICULTURE FRANÇAISE,

A PROPOS DU NOUVEAU TARIF GÉNÉRAL ITALIEN

VÉRITÉS

sur

LA SITUATION

de

la France devant les Douanes italiennes

Par **B. NICOLLET**, Publiciste à Grenoble, etc.,

Auteur *Du Régime et de la Réforme Pénitentiaires*,
Des Grèves ouvrières, — De *l'Exposition scolaire à Grenoble en 1883*, etc., etc.

GRENOBLE
IMPRIMERIE GABRIEL DUPONT, RUE DES PRÊTRES, 1

—

1887

SOMMAIRE

DES CHAPITRES ET TABLEAUX

LES TRAITÉS DE COMMERCE

dits « *Conventionnels* »

LEURS RÉSULTATS GÉNÉRAUX ÉCONOMIQUES,
ET PLUS SPÉCIALEMENT POUR L'AGRICULTURE FRANÇAISE,
A PROPOS DU NOUVEAU TARIF GÉNÉRAL ITALIEN.

VÉRITÉS

SUR

la Situation de la France devant les Douanes italiennes

Par B. NICOLLET, Publiciste à Grenoble, etc.,
Auteur *Du Régime et de la Réforme Pénitentiaires*,
Des Grèves ouvrières, — De *l'Exposition scolaire à Grenoble en 1883*, etc., etc.

Ire PARTIE.

PRÉAMBULE

I

Dans une première Etude publiée à Grenoble en 1874-1875, sur les Traités de commerce surgis de celui du 23 janvier 1860 et si improprement appelés depuis lors, même encore aujourd'hui, « *Libre-Echangistes* »; dans une deuxième, publiée à Paris de janvier à juillet 1878 et appuyée, elle aussi, de plus de cent Tableaux statistiques comparatifs, — publications qui ont comme « sonné le tocsin » contre de véritables aberrations économiques fatales, sans trêve pour ainsi dire, à l'Agriculture, à l'Industrie, à la prospérité de la France, — je débutais par les *Considérations générales* qui suivent, et que les faits *ad hoc* internationaux advenus depuis et pendant vingt-six ans sont venus corroborer, consacrer presque quotidiennement. Certes, il m'est bien pénible de « triompher » sur des ruines, surtout sur des ruines de ma Patrie, mais, en faveur de mon Patriotisme bien connu, si désintéressé, chacun me pardonnera sûrement d'aller jusqu'à dire que je ne m'étais, hélas! pas trompé, et que, dès il y a douze ans, j'avais bien vu les abîmes où nous menait ce que, de 1860 à 1870, on appelait si emphatiquement « *l'Œuvre de 1860* ».

Donc, en 1874-1875, j'imprimais ce qui suit :

II

CONSIDÉRATIONS GÉNÉRALES

> En Commerce, aussi bien qu'en Politique, l'on vit pendant un certain temps sur une situation donnée ; mais lorsque cette situation a produit tous ses effets, il faut savoir renouveler le principe de mouvement de la machine, comme l'on remonte une horloge, sinon le mouvement s'arrête. (J.-J.-H. WALTON.)

Parmi les dix à douze « mots » qui ont toujours eu le privilège de passionner les esprits français, si prompts à la fébrilité, il en est un d'autant plus attractif, que sa signification littérale ne s'arrête pas aux frontières de France. Non seulement ce que ce mot signifie les dépasse, mais, bien plus, il résonne comme le glas des poteaux douaniers élevés entre les Peuples, et il est, dans un avenir bien vaporeux encore, prédestiné peut-être à aider à la création de ces *Etats-Unis d'Europe* rêve sublime des philanthropes Amis de la Paix.

Ce mot est LIBRE-ÉCHANGE : — c'est-à-dire la Production universelle livrée, sans langes internationaux, à la Consommation universelle. Bien grand, bien noble est ce mot, car on peut le traduire par cet autre, plus grand, plus noble encore : Fraternité entre tous les Peuples.

Nous aussi, comme chacun, et quand nous sondions moins, nous avons été profondément remué par tout ce que ce mot LIBRE-ÉCHANGE criait à notre cœur ! Quel horizon de splendides résultats ! Aussi, alors, en 1860, étions-nous à ce point libre échangiste, que notre ardeur n'admettait ni atermoiements, ni même tempéraments quelconques à sa radicale application.

Et, longtemps, nous avons cru à une commune et fraternelle application ! Longtemps nous avons été crédule au point de prêter à l'Angleterre, à la Suisse, à la Belgique, à l'Autriche, à la Russie, à l'Italie, au Zollverein, la même bonne foi, la même abnégation libre-échangiste qu'en avait montré notre trop généreuse France.

Mais il y avait loin de la coupe aux lèvres. Nous avions eu tort, il y a vingt ans, de nous payer de mots. Le traité de Francfort « de 1871 » nous dessilla le premier les yeux ([1]). Dès ce moment, nous avons essayé d'aller au fond de chacun des Tarifs conventionnels ; ce n'est qu'après avoir compulsé des centaines de documents officiels, que nous avons dû nous faire cette conviction que, là encore, — subissant peut-être certaines pressions politiques qu'on peut souder aux événements *italiques* de 1859 et à l'annexion de la Savoie et de Nice, — la France s'était montrée trop désintéressée dans son premier traité « libre-échangiste » (avec l'Angleterre, 23 janvier 1860) ; lequel traité lui a causé (à la Grande-Bretagne), dès les premiers mois et depuis lors *crescendo*, tant de satisfactions industrielles et de dégrèvements annuels de son *income-tax* et ses impôts de consommation intérieure. Et l'on comprendra mieux encore

---

([1]) V. note au bas de la page 34.

ces *aurifères* satisfactions, quand nous aurons ajouté et prouvé que la plus-value *importative* de la Grande-Bretagne en France a été en moyenne (depuis 1860 jusqu'à il y a trois ou quatre ans). de 400 à 500 millions de francs par an!

Cette découverte faite, nous avons bien vite relégué nos aspirations libre-échangistes parmi les grandes choses de l'avenir, et nous nous sommes mis en quête d'un contre-poids à l'égoïsme étranger ayant trop admirablement su, — comme on le verra bientôt par des chiffres, — se protéger contre ceux de nos produits dont la libre entrée lui aurait été trop onéreuse ; on verra, par exemple, la Russie protégeant ses eaux-de-vie de grains, — sa boisson nationale, — contre les nôtres, qu'elle a *prohibées* tandis que les siennes sont reçues chez nous avec seulement 15 francs de droit par hectolitre d'alcool pur. Ce contre-poids, cette balance douanière d'avantages internationaux, nous le montrons depuis quatre ans dans tout ce que nous avons publié sur ce sujet : c'est... la « *réciprocité* », non pas la réciprocité absolue, mais la réciprocité relative, à armes égales entre Nations, entre Producteurs et Consommateurs.

Puis, ces deux premières « découvertes » nous ont amené aussitôt, de par un simple effort de logique et sans avoir eu besoin d'étudier Bacon, à en faire une autre, celle-ci :

C'est que le Libre-Echange n'est, ne peut guère être de nos jours, en l'état où se trouve le monde, surtout le monde politique, et tant qu'il sera ainsi géographiquement, qu'une belle... théorie ; car il n'est possible ou qu'entre Etats et Peuples fédérés, ayant par conséquent communauté d'intérêts, ou qu'entre Etats ayant populations, produits, industries, richesses, outillages, moyens de transports, etc., ou égaux, ou à peu près égaux. Au fond, en effet, le Libre-Echange est un combat producteur, industriel, commercial, dans lequel le vainqueur sera toujours celui qui dispose de plus d'engins de victoire. Sinon c'est la lutte du pot de terre contre le pot de fer.

On nous objectera que plus la production aura ses franches coudées, et plus la consommation en bénéficiera ? Peut-être même ce mobile n'a-t-il pas été étranger à l'œuvre de 1860 ; mais, à notre tour, nous répliquerions qu'en ce cas il y a balance, car le consommateur est aussi, en même temps, producteur.

Nous savons bien encore qu'on nous observera que, tout défectueux ou même léonin qu'il soit pour la France, le Libre-Echange actuel a accru le chiffre de nos *exportations* ; nous savons bien que, tout en laissant habilement dans une sorte de pénombre les différences *importatives* entre chaque exercice depuis 1860, — car celles-ci détruisent les argumentations tirées de celles-là, — les libre-échangistes QUAND MÊME se servent de nos plus-values exportatives comme d'un « miroir à alouettes » où viennent se prendre les esprits superficiels n'ayant pas l'habitude ou la possibilité de scruter ce qu'il y a au-dessous de certains mots ou de certains chiffres.

« — Voyez ! Tant de centaines de millions, tant de milliards de plus !
« En 1859, avant la grande réforme économique, seulement ceci ; mainte-
« nant, grâce au Libre-Echange, tout cela ! »

Puis les rédacteurs des journaux politiques, — ne contrôlant pas en général les publications économiques, statistiques ou spéciales, — saisissent des ciseaux, découpent le fantaisiste article, le reproduisent religieusement, et, tout en agissant dans d'excellentes intentions, aident souvent par là à répandre *urbi et orbi* les erreurs les plus capitales, les déductions les plus étranges.

Eh ! bien, nous qui n'avons qu'un parti pris, — la Vérité, le Bien, ou du moins ce que nous croyons l'être, — nous prendrons loyalement les chiffres officiels et en tirerons de toutes autres conclusions que celles des libre-échangistes *per fas et nefas*.

Mais, le croirait on? oui, il y a un tel parti pris chez certains publicistes, chez certains économistes *politiciens*, qu'il en est qui vont jusqu'à se louer de l'accroissement des importations faites en France par les Etats conventionnels. Ils y voient « des signes certains, disent-ils, de grand accroissement de richesse, de prospérité...., etc. »

C'est là, selon nous, une aberration économique au premier chef. Ce serait vraiment faire injure à nos lecteurs, que de nous essouffler à vouloir leur expliquer les *pourquois* de cette insanité; insanité, en effet, quand on sait que l'accroissement des importations porte surtout sur les objets *fabriqués* et sur les *produits alimentaires*. Ah! que nous dirions oui, trois fois oui, si cette plus-value importative de l'Étranger portait plus particulièrement sur les matières premières.

Les Prussiens, eux, en gens positifs, ne raisonnent, ou plutôt ne déraisonnent pas comme nous sur cette matière : ils tiennent pour pertes *réelles* la différence qui existe entre l'exportation et l'importation, et ils passent par *Profits et Pertes*, on va le voir, le surplus de l'importation. Dans son exposé financier de 1874, M. Camphausen tenait au Reichstag allemand le langage ci-après :

« En 1872, l'*importation* en Allemagne a été de 1,087,400,000 thalers, tandis que l'*exportation* n'a été que de 773,500,000 thalers. En 1873, nouvelle diminution : l'*importation* a été de 1,251,000,000 th., et l'*exportation* de 767,200,000 th. seulement. Donc, rien qu'en deux ans, l'*Allemagne* A PAYÉ à l'*industrie et au commerce étrangers* 797,300,000 thalers, soit 2 milliards 990 millions de francs. »

Voilà ce qu'on appelle des gens sachant compter! Soyons, en France, aussi logiques.

Et M. Camphausen ajoutait :

« Il faut absolument que l'Allemagne produise à meilleur marché (!!), si elle veut ne plus être tributaire de l'Étranger. Il faut que nous devenions plus économes, plus laborieux; mais, avant tout, il importe de régler la question des salaires. Nous demanderons plus de travail à l'ouvrier, *et nous le payerons moins*. »

Ecoutons aussi ce que dit sur le même sujet la *Centralblatt*, de Berlin. Après s'être livrée à de tristes réflexions sur la situation économique de l'Allemagne en 1875-76, la *Centralblatt* ajoutait ce qui suit, que nous livrons aux méditations des gouvernants de la France et à celles de nos lecteurs :

« Depuis cinq ans que l'unité allemande est réalisée, les conditions économiques de l'Allemagne ont pris une tournure assez grave pour préoccuper toutes les classes de la population et jusqu'au gouvernement lui-même. Cette situation calamiteuse est attribuée aux facteurs suivants : Conséquences du *Krach* ou du grand effondrement, production excessive d'articles fabriqués, pluie des milliards, tarifs des chemins de fer, mouvement socialiste et législation en vue de ce mouvement.

« A toutes ces causes, qui menacent de plus en plus d'anéantir la prospérité publique, les enquêtes faites en ajoutent une autre : *le traité de commerce avec la France!* »

La conclusion de la *Centralblatt* est « qu'il *faut en finir avec ces droits français*; que l'Allemagne, lors de la confection du nouveau traité, devra adopter en plein le système douanier de ses voisins de l'Ouest, comme ceux-ci ont adopté son propre système militaire à elle. » Elle termine « en reconnaissant qu'un principe, pour fournir de bons résultats, doit tenir compte des conditions actuelles et respectives des deux parties contractantes. »

Ce sont là aussi les *desiderata* que nous formulons depuis quatre ans, et que nous renouvelons aujourd'hui (10 janvier 1878).

III

Trois jours après, le 13 janvier 1878, j'ajoutais et publiais :

Lorsqu'on se reporte à ces dates de 1859 et de 1860, lorsqu'on se remémore les situations politiques *extérieure* et *intérieure* d'alors, il n'est pas difficile de pénétrer les trois principaux mobiles qui paraissent avoir guidé les négociateurs du traité du 23 janvier 1860 avec la Grande Bretagne, de celui du 17 janvier 1863 avec l'Italie ; mobiles dont deux sont essentiellement politiques ([1]).

Le premier, c'est la « *nécessité* » d'avoir l'acquiescement de l'Angleterre à l'annexion de la Savoie et de Nice. De cette nécessité, reconnue d'ailleurs aujourd'hui sans conteste par tous les historiens, nous avons récolté bien des documents témoins, parmi lesquels il nous suffira de citer l'extrait ci-après (textuel) d'une *Etude sur lord Palmerston*, Etude faite par M. A. Laugel, d'après les OEuvres de sir Lytton Bulwer, d'Evelyn Ashley et de Gréville :

... La France avait en quelque sorte, au 5 janvier 1860, neutralisé le sol italien, en déclarant qu'elle ne permettrait à personne d'y intervenir de force entre les populations et les souverains. Cela suffit : lord Palmerston ne laissa pas d'obtenir pour son pays des avantages TRÈS SOLIDES, en retour de l'appui énergique qu'il prêta à la politique napoléonienne en Italie. *Le jour même où il représentait Napoléon comme l'allié le plus sûr et le plus fidèle*, celui-ci faisait le grand programme de ses réformes économiques; il annonçait la suppression de toutes les prohibitions, la suppression des droits sur les laines et les cotons, et un traité de commerce avec l'Angleterre. »

Est-ce assez clair?

Les deux autres mobiles, — *intérieurs* ceux-là, — paraissent être ceux-ci ;

D'abord, d'ouvrir tout grand le marché français à la Production étrangère — *surtout aux productions anglaise et italienne* (n'oublions pas que nous sommes en 1859-1860-1863), — afin de favoriser la consommation et les classes ouvrières ; puis, peut-être, celui de donner comme des coups de fouet à notre Industrie, à notre Production, en les mettant en compétition complète avec de rudes concurrents similaires.

Mais les temps et toutes choses ont grandement marché depuis 1860 : Consommation et Production ne sont plus ce qu'elles étaient alors ; bien des axes producteurs, industriels, commerciaux, consommateurs, se sont déplacés pour ainsi dire par périodes quinquennales, et même triennales.

..... Enfin, veut-on savoir de quel côté de la Manche est venue l'incitation à un Libre-Echange léonin dont les manufactures et le commerce de

---

([1]) Voici les noms des négociateurs du premier traité dit *Libre-Echangiste*, du 23 janvier 1860, entre la France et l'Angleterre :

Pour la France. — MM. Baroche, Michel-Chevalier, Dollfus, Dufour, Fould, de Kergorlay, Péreire, Persigny et Rouher.

Pour l'Angleterre. — Gladstone, alors chancelier de l'Echiquier ; lords Palmerston et Cowley ; Bright, Cobden et Gibson, *économistes ;* Villiers, *magistrat ;* Bames, Bazley, Cross'ley, Kersaw, Pilkington et Wilson, *commerçants ou industriels.* B. N.

la Grande-Bretagne, comme de ses colonies, devaient se trouver si bien dès ses ébauches d'application en 1859 ?

Critiqué par quelques membres de la Chambre des communes qui, cédant à un sentiment de patriotisme antifrançais craignant que la Grande Bretagne ne retirât pas du nouveau Traité plus d'avantages que la France, M. Gladstone nous laisse recueillir ce double aveu :

« . . . . . Nous n'avons jamais dit à la France que nous allions nous faire « tort à nous-mêmes. Nous avons *offert* à la France notre meilleur con- « cours pour renverser son vicieux système prohibitif. » En agissant ainsi, nous pouvons avoir fait à la France plus de bien que nous ne nous en faisons à nous-mêmes. Je ne chercherai pas à apprécier le profit d'un côté ou de l'autre. « Ce que nous avons fait est bon ; que dis-je ! doublement bon : « bon pour nous, si la France n'avait rien fait ; *doublement bon, parce que* « *la France a fait beaucoup.* »

Et M. Gladstone croyait si peu avoir fait, pour l'Angleterre, ou du vrai Libre-Echange, ou du Libre-Echange non avant tout anglais, qu'il ajoutait :

« Je ne suppose pas que les amis du Libre-Echange, ou ceux qui se « préoccupent du revenu, trouvent à redire aux stipulations de ce Traité. « Je suis d'avis, pour ma part, que vous n'avez *jamais* été appelés à faire « un sacrifice, du moins un sacrifice *immédiat* de vos revenus, qui ait pro- « mis d'être fécond en bons résultats. Je pense que vous créerez ainsi un « commerce immense... »

Ce commerce est, en effet, devenu « immense... » pour la Grande-Bretagne !

Enfin, pour prouver, sans conteste possible, combien peu l'Angleterre cherchait, par le Traité du 23 janvier 1860, un bénéfice mutuel franco-anglais, méditons encore et profondément, afin de bien avoir la physiologie de ce premier Traité, venu après la guerre d'Italie de 1859 et négocié au moment même de la cession à la France de la Savoie et du comté de Nice, méditons ces paroles textuelles du premier ministre anglais à la Chambre des Communes :

« . . . . . J'ignore ce qu'on entend par la complaisance en ce qui touche « les articles du Traité. Nous n'avons, par ce Traité, *rien donné à la France,* « *sauf un insignifiant sacrifice financier que nous allons faire sur* UN SEUL « *article, l'eau-de-vie.* Je pense qu'il pouvait n'être pas nécessaire de « réduire le droit aussi bas que nous le faisons (et l'eau-de-vie française « paye un droit d'entrée en Angleterre de 286 fr. 59 !). Ce serait, par consé- « quent, une question de savoir *si un avantage tout à fait minime* ne « pouvait pas être concédé sous cette forme. Mais, sous la réserve de cette « *faible et* UNIQUE EXCEPTION, nous n'avons rien donné à la France, par ce « Traité, que nous ne nous soyons donné à nous-mêmes d'une main aussi « libérale. Et les changements proposés sont de ceux qui méritent tous « d'être accueillis par la Chambre (des Communes) pour leur utilité in- « trinsèque. . . . . »

Depuis 1860, la « satisfaction » de l'Angleterre s'est-elle continuée ? Oui, car voici ce que disait, en 1875, le chancelier de l'Echiquier d'alors, sir Stafford Northcote, dans un discours, prononcé à Middles-Brough ; et cette satisfaction non discontinue doit nous faire très profondément réfléchir :

« . . . Dans les deux prochaines années, plusieurs traités de commerce vont expirer. Or, bien qu'il ne faille pas ajouter foi à tout ce que l'on entend dire, « il est impossible cependant de ne pas ressentir quelque in- « quiétude à propos des bruits qui trouvent créance sur le continent. On « dit, en effet, que certains gouvernements veulent profiter de l'expiration « de ces traités pour abandonner la politique commerciale libérale qu'ils

« avaient adoptée, et pour en revenir plus ou moins à la protection. *Je « conçois parfaitement que le* COMMERCE ANGLAIS *s'émeuve de ces bruits, « que je ne suis pas en position de regarder comme des chimères.....* » L'Angleterre s'est faite l'apôtre de la réforme commerciale et des idées libre-échangistes, et, sans aucun doute, ELLE A UN GRAND INTÉRÊT *à ce que ces idées triomphent* (1).

Pour qu'un chancelier de la Grande-Bretagne se laisse aller à avouer publiquement de telles appréhensions, il faut, en effet, que cet « intérêt » soit bien grand. Et il est grand, en effet! Les hommes d'Etat anglais, — *toujours les vrais amis, les serviteurs avant tout de leur pays, qu'ils soient tories ou whigs,* — peuvent se congratuler à bon droit d'avoir doté l'Angleterre, — à ne regarder que la France, — d'une moyenne de 450 millions de francs, représentant la *plus-value* de ses importations chez nous, chaque année depuis 1860 (2).

IV

Eh! bien, M. Crispi, lui aussi, voudrait pouvoir, comme Gladstone, Palmerston, Stafford Northcote, se féliciter, se faire congratuler par nos reconnaissants d'outre-monts. A cet effet, il a *osé* faire présenter à la signature de la France un Tarif

---

(1) La Grande-Bretagne *industrielle* produit cinq à six fois plus que pour sa propre consommation : on conçoit qu'elle soit « libre-échangiste », qu'elle cherche de bons débouchés à ses trop-pleins d'usines. Mais ne lui demandez pas de libre-échanger nos vins avec sa bière et son gin, ses boissons nationales ! Oh! non! là elle se protège, car elle n'a pas d'excédents... Et de même pour bien de nos produits.

(2) Seulement, après avoir atteint un fabuleux apogée de « *prospérités exportatives* », l'Angleterre descend à grands pas vers la décadence commerciale, — par conséquent aussi de production industrielle, — depuis que les Etats-Unis, après avoir été de forcenés protectionnistes lorsqu'ils ne produisaient pas assez de certaines choses pour en exporter, sont devenus d'ardents libre-échangistes pour ce qu'ils ont maintenant *en excédents*. De cette décadence anglaise *exportative*, comme, forcément dès lors, décadence *importative*, veut-on une preuve irréfutable? Preuve qui montrera bien, en même temps, comment je me sers, comment l'on doit rationnellement se servir des *entrées* et *sorties*, et en tirer logiques et vrais enseignements? Eh! bien, voyez les nombres qui suivent, lesquels concernent la période quinquennale à dater de 1881, — époque à laquelle sa concurrente américaine a pris bien des vieilles et grosses places de la Grande-Bretagne sur presque tous les marchés du Vieux et du Nouveau Monde, — jusqu'à et y compris 1885 :

Totaux IMPORTATIONS et EXPORTATIONS de l'ANGLETERRE

avec tous les Etats

(mais non comprises ses Possessions-Colonies).

En 1881.	En 1882.	En 1883.	En 1884.	En 1885.
Ses Importations.				
(Les totaux de l'état officiel étaient en livres sterlings.)				
7.637.075.000f	7.839.725.000f	8.205.250.000f	7.355.150.000f	*7.164.150.000f*
Différence *en moins* de 1885 sur 1881.... 472.925.000f				
Ses Exportations				
5.260.025.000f	5.358.075.000f	5.375.900.000f	5.191.600.000f	*3.648.500.000f*
Diférence en moins de 1885 sur 1881.... 1.611,525.000f				

(Il y a encore un bien plus grand *moins-exporté* entre 1874 et 1885 : 1874

général qui serait audacieux s'il n'était immensément ridicule. Au cours de l'Etude qui suit (ma troisième depuis onze ans sur les questions de douanes internationales), dans le grand et les moindres Tableaux que j'y ai intercalés, par les si nombreux chiffres (tous officiels, tous vrais), qui servent de bases, de preuves irréfutables à mes argumentations, vœux généraux ou spéciaux, et à mes conclusions, mes lecteurs hausseront souvent les épaules de dédain, en pensant que c'est probablement sur l'*ordre* du Teuton de Warzin que, afin de chercher à nous affaiblir en nous soutirant *encore*, douanièrement, le plus d'or possible, Crispi nous déclare, pour le 1er janvier prochain, en étrennes dignes des Machiavels du Quirinal, une véritable guerre de tarifs commerciaux, en attendant qu'il mette au vent, contre la France, la flamberge de Custozza ou de Lissa.

Le fait de la présentation qui nous a été faite par l'Italie de son nouveau Tarif général doit être, pour nous, une révélation des accords de Friedriskrhue : il ne doit pas y avoir été question seulement de la Tripolitaine, de l'Albanie, peut-être même de l'Egypte, pour laquelle il y a sûrement accord entre l'Angleterre et l'Italie. Soyons *certain* que ledit Tarif général n'est qu'une préface à un plan italo-anglo-allemand antifrançais. Tenons dès à présent la main à la baïonnette, et veillons attentivement sur les Alpes, sur les Vosges, sur l'Atlas, à Tunis-Bizerte, en Egypte. Ah ! pourquoi, en même temps que les Anglais à Chypre, la France ne s'est-elle pas, au même *titre* que l'Angleterre, implantée à Candie en 1882 !

C'est à dessein que les quelques lignes que l'on vient de lire ont touché à la situation politique italo-française : j'ai tenu à montrer que nos relations avec l'Italie sont, — et seront de plus en plus, — telles, qu'il faut désormais considérer un tarif *général* comme la normalité douanière des deux côtés des Alpes. Parvînt-on, malgré les tensions, déjà à l'état acuitif, des re-

---

étant de 5,043.500.000 fr., l'écart de 1885 sur 1874 est de près de *deux milliards* de moins (1,845,000,000 fr.)

Donc, l'on peut *et doit* dire (et tous les casuistes en économie politique, tous les *partis pris* n'y feront rien) :

L'Angleterre a eu en 1885 un *moins-importé* de.........	472.125.000 fr.
En même année 1885, un *moins-exporté* de............	1.611.525.000
Par suite, elle a *perdu*, en 1885, un *non-fabriqué* ou un *non-commercé* de..................................	2.083.650.000 fr.
En ajoutant à la différence *en moins* de 1885 sur 1881 celle d'entre ce moins de 1.611.525.000 fr. et celle entre ledit nombre et celui du perdu de 1885 sur 1874, soit........	233,475.000
Donc, l'on peut, et je le répète, l'on *doit* dire que l'Angleterre s'est *affaissée* en 1885, comparativement à 1881, de 2.083.650.000 fr., et, comparativement à *1874*, de.........	2 317.125.000 fr.

C'est là de la logique d'économiste sérieux, c'est là la vraie situation économique de la Grande-Bretagne. Elle s'est aggravée depuis. L'étoile de notre éternelle ennemie, si brillante encore naguère aux dépens de la France et de presque toutes les nations, sera bientôt une « nébuleuse ».

lations entre Paris et Rome, à pouvoir discuter, établir, signer un nouveau Tarif *conventionnel* moins acerbe que le *général* proposé par le Quirinal, il n'est que prudent de tabler dès à présent sur cette double hypothèse : 1° qu'un *conventionnel* nécessitera au moins quelques mois, un an même de négociations, pendant lequel temps le *général* sera la double loi douanière ; 2° que l'état de trouble de l'Europe entière, de compétitions d'Etats à Etats, d'union allemando-austro-anglo-italienne visant la France et la Russie, doit nous montrer, pour longtemps peut-être, les deux tarifs généraux italien et français comme réglementation *ipso facto* des deux douanes.

Donc, établissons notre Tarif général franco-italien comme s'il devait durer des années, et ne perdons pas de vue qui et quoi nous avons en face de nous. Pour l'établir, ne quittons pas des yeux les très importants, multiples et réconfortants enseignements qui jaillissent avec force du Tableau (chiffres officiels toujours) que j'ai dressé du mouvement des *importations* et *exportations* de l'Italie avec la France, comparées avec ses exportations chez son amie, ou plutôt sa tutrice allemande, laquelle, en douze ans, ne lui a acheté que pour un total de 646,510,000 fr., seulement *un sixième* en plus *d'une seule* de nos années d'achats chez elle, lesquelles arrivent chacune, en moyenne, à 500 millions de francs. Que mes lecteurs lisent attentivement ce Tableau (V. ci-après, pages 28-29). J'en ai extrait les chiffres du *Mouvement général du commerce des principaux pays étrangers, de 1872 à 1885* (1).

Donc, soit les enseignements ressortant de ce Tableau capital, soit l'étude attentive que j'ai faite de la nature et la valeur (en francs) des marchandises importées-exportées entre l'Italie et la France, m'autorisent à dire : — La France commerciale, consommatrice, agricole et industrielle peut presque en tout se passer de l'Italie. Nous pouvons acheter ou écouler ailleurs. L'Italie a un extrême besoin du débouché français : lui fermer nos portes, rien qu'un an même, c'est la désorganiser, la ruiner plus sûrement, sans frais, pour nous, de sang et d'or, que si nos canons avaient démoli le Capitole. Il nous appartient, à tous points de vue, de parler haut et de renvoyer le Crispi tripoter à Berlin contre son *Alma* française mère et nourricière. Les 646 millions de francs d'exportations en douze ans, de l'Italie en *son* Allemagne, soit une *moyenne de 53 à 54 millions par an*, le consoleront difficilement de nos 500 millions *annuels*. Allons de l'avant en nos ministères du commerce, de l'agriculture et des affaires étrangères. Politiquement, géographiquement, commercialement, même comme dignité, la France n'a qu'à gagner, ou, si l'on veut, presque rien à perdre, à tout rompre avec l'Italie.

Ces explications préalables données, on n'a plus qu'à

---

(1) *Annales du Commerce extérieur*, 1887, 7e fascicule, pages 138-139.

me suivre dans mes innombrables chiffres, dans l'exposé des *faits*, dans les déductions que j'en tire, et dans les conclusions générales ou spéciales que je me permets humblement de formuler.

Heureux si, après avoir eu le courage de me lire attentivement jusqu'au dernier nombre, jusqu'à la dernière ligne, chacun de mes bienveillants lecteurs se dit que j'ai accompli le si honorable but qui m'a été indiqué par qui m'a convié à ce patriotique travail : celui, — bien haut, trop élogieux pour le modeste « bûcheur » que je suis, — d'éclairer les Pouvoirs publics, l'Opinion publique, sur la situation économique faite à la France par des Traités conventionnels à faux, à très faux Libre-Echange, et, notamment, sur le nouveau Tarif général italien pour à partir du 1er janvier 1888, en négociation en ce moment à Paris, comme aussi d'indiquer les *mieux* sur tels ou tels produits.

Pro Patria, j'ai *consciencieusement* rempli ma tâche dans les pages et les tableaux qui suivent. Maintenant, que chacun aussi fasse son devoir, toujours, en tout, envers notre chère France !

IV

On a parlé de grands torts qu'une guerre de Tarifs, en attendant l'autre, ferait à notre industrie soyeuse, à Lyon et à Saint-Etienne ; eh ! bien, afin de me rendre bon compte du mouvement des soies (grèges-organsins : matières premières plus spécialement) entre l'Italie et Lyon, il m'a suffi de relever, pendant quatre jours pris au hasard — car, ainsi qu'on va le voir, les entrées quotidiennes oscillent autour du même chiffre moyen, — les entrées « Italie-Piémont » à la Condition des soies de Lyon.

Voici les chiffres (officiels) :

Le 30 septembre 1887,	entré	37	balles	sur un total de	364
Le 1er octobre	— —	51	—	— de	215
Le 5 —	— —	42	—	— de	264
Le 7 —	— —	44	—	— de	265
		174	balles	sur un total de	1.108

Quant à Saint-Etienne, autant dire qu'il n'en reçoit *point*.

On le voit, c'est un peu plus du sixième du total des autres provenances soyeuses reçues à Lyon. Quoique ce chiffre soit important, il n'a rien qui doive nous inquiéter en cas de rupture de Traités ou de guerre.

Les plus importantes provenances des grèges entrées à la Condition de Lyon sont d'abord la Chine (par Shang-Haï probablement), puis Canton (Chine aussi), le Japon, la FRANCE, le Bengale et le Levant.

Si la *France* produisait davantage de cocons, matière première, si on la faisait revenir — et cela *se peut* facilement, SE DOIT en présence des importations soyeuses italiennes et des éventualités pour ainsi dire journalières pouvant surgir de la situation hostile que Rome vient d'accentuer envers nous — à une bonne partie tout au moins des récoltes soyeuses d'il y a encore quinze ans, fermer nos portes aux grèges d'Italie serait en réalité, entre autres bons résultats, mettre dans la poche de nos agriculteurs pouvant élever des vers à soie les 100 millions de francs entrant de ce chef, pour les achats français, dans celle des Italiens, et augmenter par conséquent d'autant la richesse de la France. Oui, l'*on peut*, l'*on doit* grandement améliorer le triste état actuel de notre sériciculture. (Voir ci-après, aux *Vœux spéciaux*, pages 37 à 40.)

IIe PARTIE.

DOUANES FRANCO-ITALIENNES

TABLEAU SYNOPTIQUE de la SITUATION RESPECTIVE DES DEUX ÉTATS

OBSERVATIONS

Le grand Tableau qui suit permettra, à qui aura le courage de le parcourir en entier, de se rendre bon compte de la situation douanière et économique qui est résultée pour la France, d'abord du Tarif conventionnel italien du 17 mai 1863, — le premier, — puis par celui du 20 avril 1882, signé à Paris le 3 novembre 1881, et qu'aggraverait d'une manière tout à fait inadmissible, soit comme dignité, soit comme résultats, le Tarif général que les diplomates italiens ont présenté à la signature de la France.

Les nombreux Tableaux, les faits et les déductions par lesquels j'ai accompagné ce premier, élucideront complètement les situations douanières respectives italo-françaises.

Mais, avant d'aller plus loin, il me paraît nécessaire de dire ma surprise en présence de la rédaction du dernier Traité conventionnel (20 avril 1882). Je ne parle pas seulement de différences de tarifs, de prix à payer, lesquels rien, absolument rien, ne motive ni n'explique, et qui sont de véritables négations d'équité internationale au seul profit de l'Italie (V. les chiffres du Grand Tableau qui suit), mais aussi des différences dans les énoncés, les appellations des marchandises tarifées : différences qui permettent si bien des équivoques, des besoins d'interprétations, que fort souvent, pour ma part, j'ai hésité à me dire si telles ou telles choses, différemment dénommées dans les *textes* français et italiens, étaient bien identiques. Les recherches et comparaisons sont des plus difficiles, la nomenclature est une vraie *olla-podrida*.

Il eût été rationnel de n'avoir que bien les mêmes dénominations, en classant méthodiquement paragraphes par paragraphes, et par *natures* de marchandises (*Animaux*, *Métaux de*, etc., *Vêtements de*, etc., etc.); c'est-à-dire qu'il n'y ait qu'un *texte*, une rédaction *tout à fait identiques*. Alors plus d'équivoques et de contestations possibles. Nul n'aurait plus, comme cela m'est fréquemment arrivé en établissant le Tableau synoptique, à se demander : Est-ce bien cela ?

Puis, que de lacunes, d'oublis peut-être, dans l'énumération des marchandises ! Ainsi, j'ai vainement cherché dans celui de 1882, qui va prendre fin le 31 décembre prochain, les *Animaux vivants*, les *Fromages*, les *Alcools*, le *Miel*, etc., etc., ce qui fait hésiter, puis se dire qu'en ce cas c'est le régime précédent qui reste applicable ?...

Interrogeons, maintenant, toute la situation passée, présente, et celle que l'Italie nous offre *fraternellement* comme future.

Tableau I.

PRINCIPALES MARCHANDISES

EXEMPTES DE DROITS A LEUR ENTRÉE EN FRANCE	FRAPPÉES DE DROITS A LEUR ENTRÉE EN FRANCE
(Voir le grand Tableau précédent.)	
Soies écrues, grèges, moulinées et cocons.	Fils et Tissus de laine, coton, lin, chanvre, jute, et Tissus de soie.
Bourres de soie en masse.	Autres Fils et Tissus (poil, crin, etc.)
Coton.	Bœufs, Vaches, Taureaux, Bouvillons, Génisses, Veaux.
Laines en masse.	Béliers, Brebis, Moutons, Agneaux.
Lin teillé, en étoupe et peigné.	Chevaux.
Chanvre teillé, — —	Mulets et Mules.
Jute et végétaux filamenteux non dénommés, bruts ou peignés.	Fromages.
Peaux brutes.	Bourre de soie filée (fleuret), écrue ou azurée.
Graisses (suifs bruts, saindoux et autres).	Denrées coloniales (sucres bruts exotiques, cafés, cacao, thé, poivre, etc.).
Pelleteries brutes.	Sucre raffiné et Sucre brut indigène.
Guano.	Houille crue et carbonisée.
Fruits oléagineux (arachides et noix de touloucouna).	Parfumeries.
Graines oléagineuses de lin, navette, moutarde et autres.	Vins.
— à ensemencer.	Eaux-de-vie de toutes sortes.
Gommes pures exotiques.	Miroirs.
Bois à construire.	Bouteilles pleines et vides.
— merrains.	Cartons et Papiers.
— — à construire.	Peaux préparées.
Safran.	Ouvrages en peau et en cuir.
Indigo.	Orfèvrerie et Bijouterie.
Cuivre pur ou allié, brut.	Tabletterie, Bimbeloterie, Lorgnettes, Brosserie, Eventails, Boutons.
Plomb (métal brut).	Ouvrages en bois et Meubles de toutes sortes.
Etain — —	Habillements et pièces de Lingerie cousues.
Zinc de première fusion.	

DOUANES FRANCO-ITALIENNES — SITUATIONS RESPECTIVES DES DEUX ÉTATS

PLUS SPÉCIALEMENT AUX POINTS DE VUE AGRICOLE, MATIÈRES PREMIÈRES, ET ALIMENTATION

Tableau II.

Par **B. NICOLLET**, Publiciste à Grenoble, Gérant du *Bulletin des Sociétés d'Agriculture de l'Isère*, etc.

NOTA IMPORTANT. — Tous les chiffres ci-après — absolument tous — sont extraits de nombreux documents officiels. Les nombres des *Importations* et *Exportations*, — quantités et francs, — sont extraits des *Annales du Commerce extérieur* et du *Tableau douanier du Commerce de la France*, publié chaque année par le Ministère des Finances. N'ayant pu me procurer celui de 1886 (peut-être non encore paru), mon travail a pour points de départ le *Tableau* et les *Annales de 1885*, ayant en outre tous les Traités sous les yeux (1881-1887).

Numéros d'ordre	NATURE DES MARCHANDISES	BASES	TARIF CONVENTIONNEL de 1881 valable jusqu'au 31 décembre 1887 (tous droits additionnels compris) — Entrée en France	Entrée en Italie	TARIF GÉNÉRAL — France, actuel, du 10 avril 1887	Italien, du 14 juillet 1887, applicable partir du 1er janvier 1888	DROIT prétendu par l'Italie sur ses propres marchandises à leur sortie	DIFFÉRENCES en faveur de l'Italie	de la France	IMPORTATIONS de l'Italie en France — Année 1885 — Quantités	de la France en Italie — Année 1885 — Quantités	COMMISSION PERMANENTE DES VALEURS POUR 1885 — NOTA. — Cette Commission détermine chaque année la valeur moyenne de toutes les natures de Marchandises exportées ou importées. Pour avoir la valeur totale, en francs, desdites Marchandises, dont les quantités sont indiquées dans les deux colonnes qui précèdent, il suffit donc de *multiplier* les quantités par les valeurs moyennes *officielles* ci-dessous.
	1	2	3	4	5	6	7	8	9	10	11	12
			fr. c.	fr. c.	fr. c.	fr. c.	fr. c.	fr. c.	fr. c.			
1	**Bœufs**	par tête	15 »	15 »	25 »	40 »	......	10 »	......	28.725	Point avec l'*Italie*.	Bœufs : 425 fr. la tête.
2	**Taureaux**	»	15 »	15 »	8 »	18 »	......	10 »	......	......	......	Taureaux : 305 fr. la tête.
3	**Vaches**	»	7 50	7 50	12 »	12 »	......	5 »	......	6.800	......	Vaches : 205 fr. la tête.
4	**Génisses**	»	5 »	5 »	5 »	8 »	......	3 »	......	......	2.437 têtes	Génisses : 175 fr. la tête.
5	**Veaux**	»	2 »	2 »	5 »	8 »	......	3 »	......	5.781	1.005 —	Veaux : 90 fr. la tête.
6	**Bouvillons** et **Taurillons**	»	5 »	5 »	5 »	8 »	......	3 »	......	......	......	Bouvillons et Taurillons : 100 fr. la tête.
7	**Bêtes ovines**	»	» 20	» 20	3 »	3 »	......	1 »	......	123.070	4.145 —	Béliers, Brebis et Moutons : 43 fr. la tête.
8	— — agneaux	»	» 20	» 20	» 50	3 »	......	2 50	......	6.553	2.217 —	Agneaux : 17 fr. la tête.
9	— **caprines**	»	» 20	» 20	» 50	3 »	......	2 50	......	3.048	1.089 —	Boucs et Chèvres : 17 fr. la tête. La France a eu en 1885 une *exportation* de 754 chevreaux *en Italie*.
10	**Chevaux** et **Juments**	»	Ex.	Exempts	30 »	50 »	......	10 »	......	254	1.000 —	Chevaux : 1,000 fr.; Juments, 1,500 fr. la tête.
11	**Poulains**	»	Ex.	»	18 »	40 »	......	22 »	......	1.547	722 —	Poulains : 450 fr. la tête.
12	**Mules** et **Mulets**	»	6 »	6 »	5 »	15 »	......	10 »	......	109	2.152 —	Mules et Mulets : 500 fr. la tête.
13	**Anes** et **Anesses**	»	1 50	1 50	Ex.	15 »	......	15 »	......	1.050	430 —	Anes et Anesses : 150 fr. la tête.
14	**Porcs**, jusqu'à 20 kilos	»	» 75	» 75	» 50	3 »	......	2 50	......	3.302	......	Cochons de lait : 12 fr. la tête.
15	— au-dessus —	»	2 50	2 50	3 »	10 »	......	7 »	......	48.300	......	Porcs : 108 fr. la tête.
16	**Viandes** fraîches	les 100 k.	3 »	5 »	7 »	12 »	......	9 »	......	140.451 k.	......	Viandes de boucherie, fraîches : 1 fr. 55 le kilo.
17	— salées	»	4 [illegible]	20 »	4 50	25 »	......	20 50	......	223.172 k.	......	— salées diverses : 1 fr. 30 le kilo.
18	**Gibier** et **Volailles**	»	5 »	15 »	20 »	15 »	......	......	5 »	3.030.182 k.	......	Gibier et Volailles : 1 fr. 95 le kilo.
19	**Sangsues**	......	Ex.	Ex.	Ex.	Ex.	......	......	......	......	......	40 fr. par mille.
20	**Peaux** brutes, grandes	»	»	2 20	»	»	......	......	2 90	200.198 k.	2.320.753 k.	Peaux brutes, grandes : 1 fr. 05 le kilo.
21	— — petites	»	»	2 20	»	»	......	......	2 20	336.940 k.	275.228 béliers, brebis et moutons	— petites (béliers, brebis, moutons) : 2 fr. 10 le kilo.
22	— de chevreau et d'agneau	»	»	20 »	»	20 »	......	......	......	359,537 k. agneau 610.554 k. chevreau 645.386 k. autres	6.361 k. chevreau 546.204 k. autres	Peaux d'agneau : 2 fr. 90 le kilo. — de chevreau : 7 fr. 50 le kilo. — autres : 4 fr. 20 le kilo.
23	**Gants** de peaux	100 paires	V. obser.	7 50	10 »	20 »	......	10 »	......	134.543 douzaines	[illegible] k.	Gants de peaux, 140 fr. la douzaine.
24	**Chaussures** en tout genre	100 kilos	......	110 »	......	28 »	......	......	......	5.830 paires	......	Chaussures en peaux : 8 fr. 50 la paire.
25	**Miel**	»	......	5 »	10 »	10 »	......	......	......	58.130 k.	134.307 k.	Miel : 1 fr. 30 le kilo.
26	**Cire** jaune non ouvrée	»	Ex.	15 »	10 »	15 »	......	......	......	......		Cires : 3 fr. le kilo.
27	— blanche	»	»	30 »	10 »	30 »	......	......	......	......	......	
28	**Œufs** (de volaille et de gibier)	»	»	Ex.	Ex.	Ex.	......	......	......	13.571.770	......	Œufs : 1 fr. 35 le kilo.
29	**Beurre** frais ou fondu	»	»	5 »	13 »	12 50	......	7 50	......	1.488.750	......	Beurre frais ou fondu : 2 fr. 50 le kilo.
30	— salé	»	»	15 »	15 »	17 50	......	2 50	......	1.117.721	81.938 k.	— salé : 2 fr. 10 le kilo.
31	**MARGARINE Mouriès**	»	......	......	6 »	......	......	......	......	......	407.930 k.	MARGARINE *Mouriès* : 1 fr. 40 le kilo.
32	**Graisses** de porcs	»	Ex.	1 »	Ex.	10 »	......	10 »	......	311.414	223.137 k.	Saindoux : 90 c. le kilo.
33	— suifs bruts	»	»	1 »	»	Ex.	......	......	......	......	......	Graisses suifs bruts : 70 c. le kilo.
34	**Extraits** de viandes	»	......	40 »	4 »	44 »	......	36 »	......	......	......	Extraits de viandes : 3 fr. 50 le kilo.
35	**Fromages** blancs de pâte molle	»	......	8 »	6 »	25 »	......	19 »	......	45.100 k.	1.852.616 k.	Fromages de pâte molle : 1 fr. 45 le kilo.
36	— autres	»	......	8 »	8 »	25 »	......	17 »	......	1.855.377 k.	96.200 q. m.	— autres : 1 fr. 50 le kilo.
37	**Froment, Epeautre** et **Méteil** : en grains	»	1 40	1 40	» 60	3 »	......	2 40	......	......	......	Froments, épeautre et méteil : 19 fr. 15 les 100 kilos.
38	— — en farines	»	2 77	2 77	1 20	6 »	......	4 80	......	23.140 q. m.	......	Farines : 30 fr. 14 les 100 kilos.
39	**Seigle**	»	1 15	1 15	......	1 15	......	......	......	......	......	
40	**Maïs**	»	1 15	1 15	......	1 15	......	......	......	50.059 q. m.	......	Maïs : 12 fr. 88 les 100 kilos.
41	**Orge**	»	Ex.	Ex.	......	1 15	......	......	......	......	......	Orge : 16 fr. 75 —
42	**Sarrasin**	»	1 15	1 15	......	1 15	......	......	......	......	......	Sarrasin : 13 fr. 50 —
43	**Avoine**, en grains	»	......	1 15	Ex.	2 »	......	2 »	......	......	......	Avoine : 18 fr. 75 —
44	**Riz**, avec sa balle	la tonne	Ex.	Ex.	»	30 »	......	3 »	......	......	......	Riz, avec sa balle : 19 c. le kilo.
45	— sans sa balle	»	»	»	»	60 »	......	6 »	......	18.703.830 k.	......	— sans — 30 —
46	**Semoules** et **Pâtes d'Italie**	100 kilos	3 »	3 50	6 »	9 »	......	3 »	......	771.224 k.	109.427 k.	Semoules et Pâtes d'Italie : 65 c. le kilo.
47	**Pain** et **Biscuit** de mer	»	5 50	5 50	1 20	9 »	......	7 80	......	40.255 k.	1.684.007 k.	Pain et Biscuit de mer : 35 c. —
48	**Oranges** et **Citrons**	»	2 »	2 »	4 50	4 »	......	......	» 50	4.207.061 k.	107.647 k.	Oranges et Citrons : 40 c. —
49	**Fruits** frais	»	»	Ex.	Ex.	1 »	......	1 »	......	141.027 k.	......	Fruits frais : 15 c. le kilo.
50	**Raisins** frais	»	»	»	»	7 50	......	7 50	......	(V. *Fruits frais*)	......	
51	— secs	»	Ex.	10 »	6 »	20 »	......	14 »	......	481.545 k.	......	Raisins frais et secs : 1 fr. le kilo.
52	**Figues** sèches	»	»	10 »	6 »	15 »	......	9 »	......	5.808.514 k.	......	Figues sèches : 60 c. le kilo.
53	**Légumes** verts	»	»	8 »	8 »	20 »	......	12 »	......	1.954.375 k.	......	Légumes verts : 35 c. —
54	— salés, confits, etc	»	»	40 »	40 »	120 »	......	80 »	......	113.315 k.	......	— salés, confits, etc. : 1 fr. 90 le kilo.
55	**Son**	»	Ex.	» 80	Ex.	2 »	......	2 »	......	3.587.336 k.	287.410 k.	Son : 12 c. le kilo.
56	**Fécules**	»	»	Ex.	1 20	2 »	......	» 80	......	......	420.054 k.	Fécules indigènes : 38 c. le kilo.
57	**Oreillons**	»	»	......	Ex.	......	......	......	......	233.355 k.	......	Oreillons : 30 c. le kilo.
58	**Vins** (jusqu'à 15°)	l'hectol.	2 »	4 »	4 50	20 »	......	15 50	......	880.100 h.	......	Vins : 45 fr. l'hectolitre.
59	**Alcools** (purs)	»	0 30 par degré	12 »	30 »	30 »	......	......	......	4.505 h.	680 h.	Alcools de vin : 120 fr. l'hectolitre.
60	**Esprits** de toutes sortes (purs)	»	»	25 »	30 »	60 »	......	30 »	......	1.557 h.	7.023 h.	— de toutes sortes (purs) : 80 fr. l'hectolitre.
61	**Bières** (outre une surtaxe de 9 fr. 60 par hectol.) en fûts ou barriques *à payer à l'Italie*	l'hectol.	2 »	2 »	7 75	12 »	......	4 25	......	40 h.	740 h.	Bières : 55 fr. l'hectolitre.
62	**Huiles** d'olive	100 kilos	3 »	3 »	4 50	15 »	......	10 50	......	13.025.046	3.015.407 k.	Huiles d'olive : 1 fr. 35 le kilo.
63	**Eaux** minérales	»	Ex.	4 50	Ex.	9 »	......	9 »	......	61.070 h.	980.372 k.	Eaux minérales : 10 c. le kilo.
64	**Vinaigres**	»	»	10 »	4 50	10 »	......	5 50	......	63 h.	223 h.	Vinaigres : 35 fr. l'hectolitre.
65	**Machines** d'agriculture	»	»	6 »	6 »	9 »	......	4 »	......	......	71.924 k.	Machines pour l'agriculture : « valeurs déclarées ».
66	— à coudre (avec tables)	»	»	6 »	6 »	25 »	......	19 »	......	22.000 k.	40.190 k.	— à coudre : « valeurs déclarées ».
67	**Aiguilles** (moins de 5 centimètres)	»	60 »	60 »	248 »	100 »	......	......	148 »	......	......	Aiguilles ayant moins de 5 centimètres : 14 fr. 50 le kilo.
68	— (plus —)	»	60 »	60 »	124 »	100 »	......	......	24 »	......	......	— plus — 11 fr. le kilo.
69	**Epingles**	»	60 »	60 »	50 »	100 »	......	50 »	......	......	13.886 k.	Epingles : 4 fr. 25 le kilo.

(En marge des lignes 1 à 13, colonne 10 : Total des importations des animaux de l'Italie en France en 1885 : 198,585 têtes.)

OBSERVATIONS (13)

Pour mémoire, je crois devoir rappeler que, par loi du 5 avril 1887, les importations des *Animaux* dénommés ci-après supportent maintenant les nouveaux droits ci-dessous :

Bœufs (nouveau droit d'entrée en France)	......	38 fr. par tête.
Vaches — —	......	20 —
Veaux — —	......	8 —
Béliers, Brebis, Moutons —	......	5 —
Viandes fraîches —	......	12 fr. par 100 k.

Je laisse les Agriculteurs seuls juges, à tous les points de vue, de l'opportunité comme des conséquences qui pourront résulter de ces nouveaux droits, soit pour leur Cheptel, soit pour leurs Fourrages, soit pour leur Consommation. Ce sont les résultats d'un à deux ans qui, seuls, énergiront sur le mieux du précédent état de choses ou du nouveau. Deux chiffres pourront peut-être les aider dans leurs appréciations : les importations annuelles en 1885 ont été : pour l'Italie, de 198,585 têtes (en 1876, de 350,000, — Voir ci-contre, colonne 10), et de 135,400,000 francs par tous les Etats importateurs. (V. § 9, *Animaux vivants*, p. 41, pour les importations annuelles de chaque Etat.)

NOTA. — L'*importation* GÉNÉRALE des *Viandes fraîches* et *salées* prend chaque année, presque chaque mois, une importance croissante. Il y a là, pour les auteurs et *suiveurs* de la loi du 5 avril 1887, un mouvement à bien observer.

A leur entrée en France les *Gants italiens* sont tarifés à la douane savoir :

Gants d'agneau ou de veau, simplement cousus	......	» 50 c. la d.
— — — piqués	......	» 75 —
— de chevreau ou chevrotin, cousus	......	1 » —
— — — piqués	......	1 25 —

Ces 81,938 kilos de *Margarine* (*Mouriès* seulement) importés par la France en Italie, en 1885, m'ont fait découvrir que le total d'exportation de ce faux Beurre a été, aussi en 1885, de 6,916,774 kilos, d'une valeur de près de 9 millions de francs. C'est la Belgique qui nous en a le plus acheté (près de 6 millions de kilos). Et la France, le sachant ou ne le sachant pas, combien consomme-t-elle de cette tromperie ?

On sait qu'une Loi votée en mars 1887 par notre Parlement a édicté les nouveaux Tarifs d'*entrée* ci-après :

Froments, Epeautre et Méteil (en grains)	5 fr.	les 100 kilos.	
Idem, idem (en grains concassés)	8	»	—
Farines (et Boulanges) contenant plus de 10 0/0 de farine	8	»	—
Avoine	3	»	—
Seigle, Orge (Grains)	1	50	—
Maïs et Sarrasin	Ex.		
Malt (Orge germée)	1	50	—
Pain	1	20	—
Biscuit de mer	6	»	—
Gruaux, Semoules en gruaux (grosse farine) Grains perlés ou mondés	8	»	—
Semoules en pâtes et Pâtes d'Italie	8	»	—
Sagou, Salep et Pâtes exotiques	8	»	—

En cette fort délicate question, nous laissons encore les Agriculteurs, consommateurs et producteurs à la fois, seuls juges de leurs intérêts. Disons-leur seulement, pour les aider à bien élucider cette grosse question, qu'en 1885 les importations céréalistes par tous les États ont été, quantités et francs, savoir :

	QUANTITÉS.	VALEUR.	
Froment, Epeautre, Méteil	6.457.871 q. m.	123.000.000 fr.	»
Seigle	25.511	446.005	»
Maïs	3.300.014	41.255.091	»
Orge	1.056.061	17.865.550	»
Sarrasin	7.155	81.461	»
Avoine	3.114.967	59.850.006	»
Farine de Froment, Epeautre, Méteil, Seigle, Maïs, Orge, Sarrasin, Avoine	330.477	9.461.334	»
Totaux	14.351.893 q. m.	252.534.474 fr.	»

En 1885, l'Italie ne nous acheté que 60.091 hectolitres de *Vins*, au prix moyen de 45 fr. La *France* en ayant reçu d'elle 880,100, il en résulte un plus-importé italien de 820,107 hectos, soit à son encaissement, 37,318,415 fr. — Et soit en Vins vrais, soit en Vins faux, la France produit beaucoup plus des 45 à 50 millions d'hectos qu'elle consomme (environ 110 à 115 litres par tête).

Outre son Tarif d'entrée, l'Italie perçoit à sa douane un droit de 9 fr. 60 par hectolitre de *bières*.

Je crois utile de faire remarquer que la France, outre ses *Vinaigres de vin et de bois*, fabrique et livre par conséquent à la consommation ménagère des vinaigres de *cidres*, de *bières*, de *poires*, et probablement d'autres encore. Avis aux ménagères.

(Voir ci-derrière la Suite-Fin.)

Numéros d'ordre	NATURE DES MARCHANDISES	BASES	TARIF CONVENTIONNEL de 1881 valable jusqu'au 31 décembre 1887 — Français	TARIF CONVENTIONNEL — Italien	TARIF GÉNÉRAL — Français actuel du 20 avril 1881	TARIF GÉNÉRAL — Italien du 14 juillet 1887, applicable à partir du 1er janvier 1888	DROIT perfectionné par l'Italie sur ses propres marchandises à leur sortie	DIFFÉRENCES en faveur de l'Italie	DIFFÉRENCES en faveur de la France	IMPORTATIONS de l'Italie en France Année 1885 Quantités	IMPORTATIONS de la France en Italie Année 1885 Quantités	COMMISSION PERMANENTE DES VALEURS POUR 1885
	1	2	3	4	5	6	7	8	9	10	11	12
			fr. c.	fr. c.	fr. c.	fr. c.	fr. c.	fr. c.	fr. c.			
70	**Ciments**	la tonne	Ex.	5 »	Ex. les 1000 kilos	12 50 la ton		12 50			355,375 tonnes	Ciments : 5 fr. 30 les 1,000 kilos
71	**Chapeaux** de paille		10 »	3 »	10 »	25 »		15 »		55,350 k.	12,508 k.	Chapeaux de paille, grossiers ou fins : 24 fr. le kilo.
72	**Tresses** de paille (pour chapeaux id.)	100 kilos	5 »	Ex.	5 »	10 »				57,920 k.		Tresses de paille : 7 fr. le kilo.
73	**Papiers** blancs (de toutes qualités)	»		10 »	11 »	15 »		4 »		172,705 k.	133,901 k.	Papiers blancs (d'imprimerie, etc.) : 70 c. le kilo.
74	**Merceries** ordinaires en bois	»	40 »	60 »	7 »	103 »		50 »				
75	**Jouets** en bois (bimbeloterie)	»	7 »	40 »	7 »	75 »		68 »		93,500 k.	163,955 k.	Bimbeloterie en bois : 7 fr. le kilo.
76	**Bois** communs, à construire	m. c.	Ex.	Ex.	Ex.	5 »		5 »		1,122 q. m.	12,270 m. c.	Bois bruts ou équarris (non noyer ou chêne) : 30 fr. les 1,000 kilos.
77	— d'ébénisterie et scié	100 kilos	»	4 »	4 »	4 »		3 »		318,181 —	627,151 k.	Acajou : 27 c. le kilo.
78	— — non scié	»	»	2 »	Ex.	2 »		2 »				Bois et autres : 35 c. le kilo.
79	**Meubles** bois ordinaire courbé	»	7 »	7 50	7 »	30 »		23 »		42,180 k.		Meubles en bois ordinaire courbé : 2 fr. le kilo.
80	— — autres	»	10 »	13 »	7 »	20 »		13 »		221,081 k.	105,000 k.	— — autres —
81	— de bois plaqués, sculptés, etc., pour ébéniste	»	48 »	50 »	15 »	50 »		35 »				
82	**Allumettes** en bois	»	Ex.	Ex.	12 »	10 »			2 »	271,715 k.		Allumettes chimiques en bois : 1 fr. 45 le kilo.
83	**Cheveux** et Poils non ouvrés	le kilo	»	3 »		8 »		5 »		21,470 k.		Cheveux et Poils non ouvrés : 45 fr. le kilo.
84	**Fourrages** (foins, pailles, etc.)	100 kilos	»	Ex.	Ex.	Ex.				4,203,892 k.		Fourrages : 6 c. le kilo.
85	**Soufres** épurés ou non	»		»	»	»	1 10	1 10		54,908,112 k.		Soufres : 11 c. le kilo.
86	**Sel** marin	la tonne		Prohibé	» 71	Prohibé	» 22					
87	**Engrais** (résidus de noir animal et autres)	100 kilos	»	Ex.	Ex.	Ex.				350,000 k. noir anim. / 674,877 k. autres	4,379,527 k.	Résidus de noir animal : 15 fr. le kilo. / Autres : 15 fr. le kilo.
88	**Houblon**	»		»	15 »	»						Houblon : 1 fr. 50 le kilo.
89	**Parfumerie** alcoolique	»	37 50	37 50	37 50	100 »		62 50			21,375 k.	Parfumerie alcoolique : 5 fr. le litre.
90	— non alcoolique	»	12 »	12 »	12 »	100 »		88 »			33,182 k.	— non alcoolique : 3 fr. le kilo.
91	**Savons** communs	»	6 »	6 »	6 »	8 »		2 »		40,528 k.	468,458 k.	Savons communs : 50 c. le kilo.
92	— de parfumerie	»		12 »	12 »	40 »		28 »				
93	**Chicorées** (café) vertes	»	Ex.	Ex.	1 »	Ex.			1 »			Chicorées vertes : 10 c. le kilo.
94	— sèches	»	»	5 »		15 »					40,000 k.	— sèches : 35 c. le kilo.
95	**Garance** broyée	»	»	2 »	Ex.	2 »	» 55	2 55		117 k.	48,390 k.	Garance broyée ou en paille : 50 c. le kilo.
96	**Plants** d'arbres	»	»	Ex.	»	Ex.				157,292		Plants d'arbres : 95 c. le kilo.
97	**Graines** (oléagineuses, lin et sésame)	»	»	1 10	»	1 10	1 10	2 20		1,070,044 k. lin / ... sésame	5,830 k.	Graines de lin : 27 c. le kilo. / — de sésame : 37 c. le kilo.
98	— à ensemencer	»	»	Ex.	»	Ex.	1 10	1 10		898,131 k.	200,203 k.	— à ensemencer : 4 fr. 10 le kilo.
99	**Œufs** de vers à soie	»	»	»	»	»				335 k.	8,005 k.	Œufs de vers à soie : 480 fr. le kilo.
100 / 101	**SOIES** grèges et moulinées (y compris les doupions)	»	»	»	»	»	38 58 les 100 kilos			1,055,406 k. grèges / 718,018 k. moulinées	673,383 k. grèges / 5,540 k. moulinées	Soies grèges : 35 fr. le kilo / — moulinées : 40 fr. le kilo.
102	— teintes et autres, à broder, à coudre	»	»		»	50 »		50 »				
103	**Bourre** (Déchets) de soie, en masse (doupions, grèges)	»	»	»	»	Ex.	15 » les 100 kilos			934,958 k.	75,400 k.	Bourres (déchets) de soies (grèges) : 7 fr. 50 le kilo. NOTA. — Les grèges italiennes autres que ... payant à leur ... 5 fr. les 100 kilos.
104	— — peignée	»	40 »	10 »	10 »	10 »	20 » les 100 kilos			24,563 k.		— peignées : 14 fr. le kilo.
105	— — filée	»	[illegible]	50 »	31 »	50 »		40 »		16,734 k.	34,080 k.	— filées : 25 fr. le kilo.
106	**Cocons** frais ou secs (doupions exclus)	»	Ex.	Ex.	Ex.	Ex.				398,225 k.	230,879 k.	Cocons frais et secs : 10 fr. 50 le kilo.
107	**Tissus** de soie ou de bourre de soie noirs unis	le kilo		4 »	»	7 »				121,650 k.	30,320 k.	Tissus de soie unis : 71 fr. le kilo.
108	— — — façonnés	[illegible]		4 »	»	40 »						— façonnés ou brochés : 80 fr. le kilo.
109	— — couleurs unis			4 75	»	8 »		8 »				
110	— — — façonnés		2 »	4 75	»	11 »		11 »			1,346 k.	
111	— — — à jour (grenadines) unis			4 75	»	10 »		10 »				
112	— — — façonnés		2 »	4 75	»	13 »		13 »				
113	**Tissus** ordinaires de déchets (ou bourre) de soie et dans lesquels les déchets de soie entrent pour 12 0/0 au moins		1 50	2 »	2 48	2 50		» 02		605 k.	8,948 k.	— et Bourre de soie : 42 fr. le kilo.
114	**Tissus** mixtes (de 12 à 50 0/0 de soie ou de filoselle) noirs unis		3 »	2 50	3 72	4 »		» 08		9,198 k.	87,124 k.	Tissus mixtes : 60 fr. le kilo.
115	— — façonnés			2 50	3 72	7 »		4 08				
116	— — couleurs unis			2 50	3 72	5 »		1 08				
117	— — façonnés			2 50	3 72	8 »		4 08			113 k.	— façonnés ou brochés : 80 fr. le kilo.
118	**Dentelles** et **Tulles** de soie ou de bourre de soie, y compris crêpes et blondes de soie, unis		3 50	8 »	14 88	15 »		» 12			190,204 k.	Tulles et dentelles de soie : 70 fr. le kilo, soit 1,06? fr.
119	— — façonnés		12 »	12 »	14 88	18 »		3 12		28 k.		
120	**Boutons** couverts de soie pure			4 »		5 »				101,866 k.		Boutons couverts de soie pure ou mélangée : 5 f. 40 le kilo, soit 560,873 fr.
121	— — — mélangée			2 20		5 »						
122	**LAINES** naturelles, en suint, ou cardées	100 kilos	Ex.	Ex.	Ex.	Ex.				211,028 k.	3,238,131 k.	Laines en suint : 1 fr. 65 le kilo.
123	— mécanique (d'effilochage)	»		»	»	10 »		10 »				3 fr. 25 le kilo.
124	— — teintes	»		»	»	20 »		20 »				6 fr. 30 le kilo en transit.
125	— teintes	»		»	»	10 »		10 »				Laines peignées ou cardées : 5 fr. 25 le kilo en transit.
126	— cardées	»		»	»	10 »		10 »				— — — —
127	— peignées	»		»	»	15 »		15 »			356,911 k.	6 fr. 30 le kilo en transit.
128	— cardées teintes	»		»	»	20 »		20 »				
129	— peignées teintes	»		»	»	25 »		25 »				
130	**Déchets** et **Bourres** de laine	»		»	»	Ex.					631,191 k.	Déchets de bourre de laine (entière) : 1 fr. 50 le kilo.
131	**CHANVRE, lin** et autres végétaux filamenteux, peignés ou en étoupes :											
132	— teillés	»	»	»	»	»				6,090,776 k.	16,580 k.	Chanvres teillés : 86 c. le kilo.
133	— étoupes	»		»	»	»				803,878 k.		— en étoupes : 7 c. le kilo.
134	— peignés	»		»	»	»				2,340,312 k.		— peignés : 1 fr. 50 le kilo.
135	**Lin** en étoupes	»	»	»	»	»				21,780 k.		Lin en étoupes : 58 c. le kilo.
136	**Chapeaux** de soie pure ou mélangée d'autres matières, exceptés ceux garnis, *pour dames*	le cent		150 »		150 »					1,470 k.	Chapeaux de soie : 12 fr. 50 la pièce.
137	— de toutes autres matières, sauf la paille et excepté ceux garnis, *pour dames*, de feutre	»		50 »		100 »				25,385 k.	16,776 k.	— de feutre : 4 fr. le kilo.
138	— de laine et autres	»	35 »	100 »		100 »				1,407 k.		
139	— de toutes qualités, garnis, *pour dames*	»	35 »	50 »		500 »						
140	**Fleurs artificielles**	le kilo	Ex.	6 »		15 »				181 k.	20,519 k.	Fleurs artificielles : 20 fr. le kilo.
141	**Parapluies** et **Ombrelles** de soie	le cent	»	120 »		150 »				8,516 k.		Parapluies et Ombrelles en soie : 10 fr. le kilo.
142	— — d'autres étoffes	»	»	60 »		80 »				5,040 k.		— — autres : 2 fr. 50 le kilo.
143	**Tartre** (bitartrate de potasse) des fûts et lies de vin	100 kilos	»	2 20	Ex.	2 20	2 20	4 40		776,148 k.		Tartre brut : 2 fr. 30 le kilo.
144	**Écorces** à tan	»	»	Ex.		Ex.	» 27			117,301 k.	3,520,087 k.	Écorces à tan : 11 c. le kilo.

NOTA. — Cette Commission détermine chaque année la valeur moyenne de toutes les natures de Marchandises exportées ou importées. Pour avoir la *valeur* totale, en francs, desdites marchandises, dont les quantités sont indiquées dans les deux colonnes qui précèdent, il suffit d'en *multiplier* ces quantités par les valeurs moyennes *officielles* ci-dessus.

OBSERVATIONS

En présence de la situation tout à fait ruineuse, — *de guerre pourrait-on dire*, — faite aux producteurs français de *Ciments* par le nouveau Tarif général que l'Italie veut nous imposer à partir du 1er janvier 1888 (12 fr. 50 les 1,000 k.), ils ont tous et très légitimement protesté. Cette *nationale* et si importante industrie, due à l'illustre M. Vicat et qui occupe tant de bras en toute la France, mais plus particulièrement dans l'Isère, serait absolument perdue si le Gouvernement n'y mettait obstacle, au besoin en « compensant ».

Cheveux et Poils ouvrés : 20 fr. 50 le kilo.

L'Italie nous a en outre importé, — toujours en 1885, — 1,3?? ??? de Soufre épuré à 16,8 c. et 1,566,??? k. de Soufre sublimé, à 18,5 le kilo.

	Soies d'Italie en France
Au total de	36,941,?? fr.
—	27,910,800
—	5,461,985
—	343,000
—	435,???
—	[illegible]
—	?779,150
—	25,404
—	607,028
Total des importations italiennes ci-dessus, y compris les	560,870
ci-après	74,743,774 fr.

(Voir mes Conclusions ci-après, § 4, page 37, quant aux *Soies*.)

(Voir mes Conclusions ci-après, § 5, page 40, quant aux Chanvres.)

NOTA. — Voir ci-après, pages 35 à 45, mes Conclusions quant aux *Soies, Chanvres, Vins, Alcools, Vinaigres, Fourrages, Chapeaux de paille, Ciments, Fruits frais de table*, etc.

B. NICOLLET.

Grenoble, 25 octobre 1887.

Tableau III.

ENSEMBLE DES

Importations et Exportations 1885

des Matières textiles,

des Fils et Tissus, et des Céréales.

(Les chiffres ci-dessous sont ceux du *Commerce spécial*, qui représentent 1° les quantités de produits étrangers nécessaires à la consommation française ; 2° l'excédent de la production française sur les besoins de la consommation intérieure.)

I. — MATIÈRES TEXTILES

	IMPORTATIONS		EXPORTATIONS	
	QUANTITÉS	VALEUR	QUANTITÉS	VALEUR
	kil.	fr.	kil.	fr.
Laines en masse, laines peignées et déchets........	172.445.985	283.893.576	36.885.508	90.212.821
Soies : en cocons, écrues (grèges et moulinées), teintes, et Bourres en masse, peignées, cardées et filées..........	9.561.218	211.385.969	4.421.985	121.083.186
Coton en laine et déchets —	132.052.545	178.771.469	25.956.143	33.686.519
Lin (teillé pour la presque totalité)...........	72.708.350	82.223.393	12.763.542	15.734.419
Chanvre......	15.577.001		1.015.278	
Jute.........	37.099.705	13.606.843	256.963	122.424
		769.861.255		260.839.309

D'où résulte un *plus-importé* de........ 509.021.856 francs.

II. — FILS ET TISSUS

	kil.	fr.	kil.	fr.
Fils laine......	5.571.415	22.234.535	5.006.881	35.605.162
Tissus laine....	8.606.327	75.522.862	21.846.715	330.094.338
Soieries.......	575.331	41.178.450	3.330.110	221.929.906
Fils coton.....	14.038.717	38.758.776	506.226	2.076.463
Tissus coton...	9.116.767	66.786.657	13.893.260	102.198.534
Fils lin et chanvre.........	1.873.943	6.400.850	4.722.754	8.750.918
Tissus lin et chanvre.....	958.174	5.619.191	3.355.503	12.924.074
Fils de jute....	230.550	126.803	2.777.974	2.083.256
Tissus........	2.946.573	2.576.613	1.884.950	2.123.223
		259.204.787		717.785.874

D'où un *plus-exporté* de........... **458.581.387** francs.

III. — GRAINS ET FARINES

Quant aux détails stastistiques spéciaux à chaque nature de *Grains* et de *Farines* (Voir au grand Tableau des Douanes franco-italiennes, à la colonne d'*Observations*), la situation 1885 se résume ainsi, en francs :

	IMPORTATIONS	EXPORTATIONS
Grains (froments, épeautre, méteil, seigle, maïs, orge, sarrasin et avoines).............	223.183.122 fr.	31.120.843 fr.
Farines (*idem*, *idem*)..........	9.461.352	3.495.950
	232.644.474 fr.	34.616.793 fr.

D'où un *plus-importé* de.............. **198.027.681** francs.

Au point de vue de sa subsistance tirée de son propre Sol, comme à celui, — au moins aussi important que le premier, — de la liberté nécessaire à sa Politique extérieure, la France *doit* produire annuellement, en moyenne, au moins 15 à 20 millions d'hectolitres de céréales de plus que son chiffre moyen depuis dix ans (115 millions), et qui ne suffit pas, on le voit, à tous ses besoins, lesquels sont :

Panification..................	100 à 105	millions d'hectol.
Semences..................	14 à 15	— —
Pâtes industrielles............	5 à 6	— —
Grains industriels (eaux-de-vie, etc.)..................	5 à 6	— —
Stock nécessaire pour parer à troubles extérieurs ou intérieurs, car « *le Blé est une* « *marchandise politique* » pouvant souffrir, commercialement, d'une manière factice, de bien des sortes d'appréhensions forcées ou purement *spéculatives* (au détriment, en ce dernier cas, à la fois du producteur comme du consommateur); soit environ	10 à 15	— —
Total approximatif......	140 à 150	millions d'hectol.

Par l'emblavure en lignes, par la sélection et le bon choix de variétés de semences bien adaptables, à grands rendements, ce dont l'Isère a déjà d'incontestables et féconds exemples ; par une *Banque agricole* d'Etat, — ou imposée à la Banque de France par l'Etat, — mieux géminée que tous les embryons privés, avant tout spéculatifs ou à buts ou fond politiques souvent tentés jusqu'ici, et venant sérieusement, à 2 à 3 p. 100 *au plus,* en aide aux Soldats de la Terre, les Agriculteurs produiront tôt ou tard, bientôt peut-être, les Céréales qui nous manquent encore malgré les emblavures de plus en plus étendues et productives. La « Révolution » agrico-économique est toute là. Nos Cultivateurs feront, d'ici à quinze ou vingt ans, cette si heureuse, rien qu'heureuse Révolution, le Pain à bon marché, tout en s'enrichissant, eux si malheureux aujourd'hui et rendant forcément le Consommateur peut-être encore plus malheureux que lui.

Sans trop m'illusionner, — car je sais pertinemment combien le Progrès agricole est, de par l'ensemble de la situation économique de la France, rendu difficile et coûteux aux petits Laboureurs « traînant forcément la besace, » — j'ai tout lieu d'espérer que la production céréaliste s'accroîtra, et cet accroissement sera une *plus-value* générale.

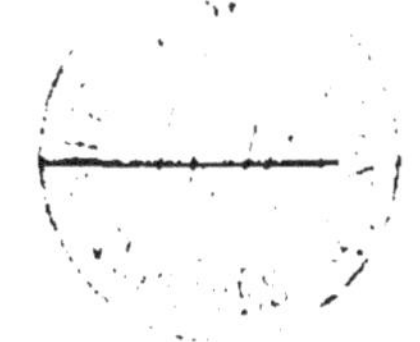

Tableau IV.

AUGMENTATION OU DIMINUTION DES **IMPORTATIONS** EN FRANCE

DES ETATS CI-DESSOUS,

Avec lesquels nous avons, depuis 1860. des Tarifs Conventionnels dits « LIBRE-ÉCHANGISTES ».

Comparaisons entre	**1859**	**1871**	**1876**	**1885**
Russie..........................	64.300.000 fr.	249.300.000 fr.	198.700.000 fr.	81.700.000 fr.
Suède..........................	»	»	31.800.000	48.800.000
Danemark......................	400.000	2.200.000	500.000	1.600.000
Association allemande (Zollverein)...	219.900.000	339.100.000	479.500.000	467.700.000
Pays-Bas......................	49.100.000	49.200.000	43.560.000	41.000.000
Belgique......................	203.700.000	525 600.000	*461.250.000*	494.200.000
Portugal......................	6.100.000	13.300.000	15.200.000	399.000.000
Espagne......................	77.200.000	128.200 000	123.950.000	114.800.000
Autriche......................	13.400.000	30.000.000	71.300.000	60.200.000
Grèce......................	4.400.000	6.300.000	5.250.000	149.800.000
Turquie......................	111.400.000	193.000.000	214.500.000	34.700.000
Egypte......................	21.400.000	54.700.000	76.000.000	102.200.000
Brésil......................	53.500.000	61.200.000	96.600.000	634.000.000
ANGLETERRE......................	406.700.000	*906.700.000*	*811.200.000*	*276.900.000*
Ses INDES ANGLAISES..........	»	»	155.000.000	337.100.000
ITALIE......................	*173.600.000*	*480.100.000*	*547.317.000*	(¹) 515.090.000
Suisse......................	En 1880....	412.200.000 fr.	»	»
Etats-Unis......................	—	772.300.000	»	294.800.000
PLUS-VALUES de *l'importation en France* des Etats *ci-dessus*, par comparaisons des Totaux des années 1859, 1871, 1876 et 1885...	*1.385.100.000 fr.*	*4.223.400.000 fr.*	*3.314.120.000 fr.*	*3.983.400.000 fr.*

(Y compris les chiffres de 1880.)

(¹) NOTA. — Ces deux nombres totaux de l'Italie sont ceux de son Commerce spécial. — Entre les 173.600.000 fr. de 1859 et les 515.090.000 de 1885, il y a une différence de 351 millions de *plus-importé :* chiffre que j'ai toujours fait ressortir, dès 1875.

Donc, — qu'on lise bien, — le total de l'*importation* de ces seuls Etats (je néglige les moindres) ayant été, en 1885, en chiffres ronds, de.................... 3.983.400.000 fr.

Celle de 1859, — l'année qui a précédé celle du prétendu « libre-échangisme » inauguré le 23 janvier 1860 (mais pratiqué déjà, j'en ai preuves [1] dès août 1859) pour causes de politiques extérieures se rattachant d'abord à la néfaste campagne de 1859 [2], puis à l'annexion de Nice et de la Savoie, — n'étant que de.................... 1.385.100.000

il y a une différence de.............. 2.598.300.000 fr.

PAR AN, — en moyenne 2 milliards, — au bénéfice des dix-huit Etats désignés plus haut : plus-value annuelle importative qui nous a d'autant plus appauvris que les importateurs s'enrichissaient d'autant plus. Aussi, pour ne citer qu'un fait, notamment de 1860 à 1880 l'Angleterre dégrevait annuellement d'environ 300 millions de francs (j'ai les chiffres, et vrais) son *income-tax* et ses droits intérieurs d'accise grâce aux 450 millions de francs de sa plus-value importative chez nous.— Depuis le 17 janvier 1863, date de son premier traité dit « libre-échangiste » avec nous, jusqu'à il y a peu d'années, la *plus-value importative en France* **de l'Italie** a été, annuellement, de 300 à 350 millions de francs *par an*, en moyenne.

Ah ! nous applaudirions des deux mains à toutes ces plus-values d'importations si elles portaient sur des matières premières, sur des produits naturels ou industriels ayant accru la prospérité de l'individu comme de la Nation ; mais, hélas ! ces légions d'importateurs n'ont donné que d'incessants et ruineux

---

(1) Voir mon Préambule, § III, page 7.

(2) En 1859, alors que notre armée, si valeureuse, si « saine » toujours, traversait Grenoble pour aller dans les plaines lombardes, au prix de notre sang, de notre or, faire une *unification* italienne qui serait déjà désagrégée si elle n'avait pour unique étai la maison de Savoie, j'écrivis à Napoléon III « qu'il « allait commettre un crime de lèse-France en créant une Italie « *unie* », qui, « tôt ou tard, servirait à l'Autrichien (qui pouvait, en avril 1859, prévoir Sa- « dowa, le Prussien, puis l'Allemand ?) d'avant-garde contre nous sur les « Alpes. » Et, le *mieux* FRANÇAIS, je le trouvais (et le disais) dans trois Italies : du Nord, Milan capitale, de Suze à Venise et au Trentin italien ; du Midi, Naples capitale, avec modernisation de son administration ; du Centre, de (y compris) Gaëte aux sources de l'Arno, capitale Rome, mais Etat temporel neutralisé, sans aucune armée, administration laïcisée, modernisée.

Quelles fautes, quels regrets ! On y viendra : il n'y a pas de meilleure ni plus « *française* » solution, même pour... l'Italie et les Italiens.

On me pardonnera cette petite digression, qui n'est que française *pour tous*, et n'a vraiment *rien* de politique. Notre France ne serait pas, aujourd'hui, devant la si ingrate attitude politique et douanière que l'on sait.

B. N.

assauts aux tissus, draps, dentelles, châles, passementeries, machines, vins, alcools, soies et soieries, chanvres, fourrages, bestiaux, céréales, fromages, etc., etc., de notre pauvre France!

Aussi, qu'est-il advenu? Ce que j'imprimais dès *1874-1875*, en ma première Etude sur les Traités appelés si faussement « libre-échangistes », et desquels je montrais les chiffres-résultats : « Encore dix à douze ans de ce déplorable régime économique, et la France courra aux grèves, à la ruine agricole et industrielle! »

Si encore le Consommateur, — qui est chaque Français, — pouvait acheter à plus bas prix, ou en meilleures qualités, toutes ou principales choses de Consommation! Mais, non! Bien au contraire, presque tout est plus cher qu'il y a vingt ans (*surélévation moyenne de 100 %*), est moins bon, le plus souvent sophistiqué, falsifié : d'où, là encore, accroissement de misère, de gène générale par de *nouvelles* et étranges maladies, atrophiantes pour l'*esprit* comme pour le corps (*mens sana in corpore sano*... pour tout, même pour la vulgaire Politique). Et quels intérieurs, quelle économie *domestique* que celle de notre temps! Adieux, ô logiques privées et publiques!

Tableau V.

TOTAUX, EN FRANCS, des

IMPORTATIONS en et des EXPORTATIONS de France en 1885

AVEC LES ÉTATS CI-APRÈS

(Nombres du Commerce général) :

	Importations *en* France.		Exportations *de* France.	
Russie	171.723.499 fr.	(1)	45.317.412 fr.	
Suède	48.788.489	(2)	7.800.124	
Norvège	20.840.154		5.497.653	
Angleterre	634.328.073		963.617.150	(3)
Allemagne	467.667.428	(4)	340.855.930	(4)
Pays-Bas	49.967.330	(5)	52.250.655	(5)
Belgique	*494.186.125*	(6)	496.941.800	(6)
Suisse	302.497.983	(7)	270.462.204	(7)
Espagne	398.990.814	(8)	247.173.797	(8)
Autriche	114.380.901			
ITALIE	515.090.000	(9)	373.353.000	(9)
Turquie	149.768.956		259.671.375	
Egypte	34.717.711		74.956.771	
TUNISIE	**7.766.933**	(10)	34.919.754	
Indes anglaises	216.917.547		23.309.296	
Chine	90.634.538		11.127.446	(11)
Etats-Unis	294.751.157	(13)	375.404.162	
Cochinchine et Tonkin	3.529.290	(14)	18.352.146	(14)

NOTES (chiffres ronds).

([1]) Les principales marchandises que nous importe la Russie sont (en chiffres ronds) : *Céréales*, 84 millions de francs ; *Lin* teillé et en étoupes, 47 millions ; *Bois communs*, 16 millions, etc.

([2]) Principale importation de la Suède : *Bois communs* (37 millions de francs). — De même pour la Norvège : *Bois communs*, pour près de 9 millions de francs.

([3]) Nous y avons exporté, en 1885, pour 71 millions de francs de *Beurres*, 57 millions de *Vins*, 44 millions *Alcools-Esprits*, 6 millions de *Fruits de table*, autant d'*OEufs*, 15 millions de *Soies*, etc.

([4]) Nous recevons principalement de l'Allemagne : *Orfèvrerie Bijouterie* (plus de 32 millions de francs), *Bestiaux* (28 millions), *Peaux et Pelleteries brutes* (19 millions), *Bière* (plus de 15 millions), *Viandes fraîches* et *salées* (plus de 10 millions), *Produits chimiques* (9 millions), *Eaux-de-Vie* et *Esprits* (6 millions), *Chevaux* (2 millions), etc. — Elle a reçu de nous, en 1885, pour 35 millions de francs de *Vins*, 22 millions de francs de *Peaux brutes*, 13 millions de francs de *Cafés*, 11 millions de francs de *Soies*, etc. — Ces chiffres donnent lieu à bien des réflexions de divers ordres.

([5]) Principale importation des Pays-Bas : *Fromages* (plus de 8 millions de francs). — Cette Nation a reçu de nous, en 1885, pour près de 11 millions de francs de *Vins*.

([6]) Ces énormes chiffres disent bien la prospérité industrielle, agricole et commerciale de ce petit Peuple. Importations principales : *Houille*, 57 millions de francs ; BESTIAUX, 21 millions ; *Lin*, 18 millions ; *Coke*, 17 millions ; VIANDES FRAICHES et *salées*, 7 millions, etc. — Nous lui avons exporté, en 1885 : *Vins*, près de 27 millions de francs ; *Cafés*, 11 millions ; *Beurre*, 9 millions ; *Chevaux*, 7 millions et demi ; *Fruits de table*, plus de 5 millions, etc.

([7]) L'importation de la Suisse est bien attristante pour nos tissages de Saint-Étienne, Tarare, Roanne, Lyon, etc , et nos horlogeries ! *149,666,174* francs rien que pour deux natures d'objets : *tissus, passementeries* et *rubans* en soie, bourre de soie, et en coton ! Puis 25 millions de francs *Soies* et *Bourres de soie*, 20 millions *Horlogerie*, 8 millions *Orfèvrerie-Bijouterie*, 22 millions *Fromages*. — Nous lui avons exporté 20 millions de francs de *Vins*, 9 millions de francs de *Bestiaux*, etc. — Causes de cette désastreuse concurrence à nos tissages, si prospères il y a trente ans : nos frontières françaises ouvertes à deux battants, charges suisses minimes et rationnelles, vie helvétique plus économique, salaires pouvant dès lors être moins élevés, revients à débouchés plus faciles. Toutes matières dignes, au plus haut degré, des méditations de nos Pouvoirs publics.

([8]) La France a reçu de l'Espagne, en 1885, pour (... lisez bien !) **274,695,537** fr. de *Vins*. Combien de mélanges, de coupages, de « *tromperies sur la qualité de la marchandise* » représentent ces 275 millions de francs pour des Vins se prêtant à toutes sortes de... *manipulations? Chi lo sa !* — *Huile d'olive*, 15 millions de francs ; *Safran*, 6 millions, etc. — Nos exportations portent surtout sur les *Tissus* (55 millions de francs), *Chevaux*, *Anes*, *Mulets* (13 millions).

([9]) Le total importatif ci-dessus de l'Italie est celui de son *Commerce spécial*.— (Voir la note 1 du précédent Tableau pour la *plus-value* importative annuelle de l'Italie en France dès la première année de son tarif « conventionnel » du 17 janvier 1863 (350 millions de francs d'écart chaque année).

Que de colossales erreurs, et en principes d'Economie politique proprement dits, et en chiffres statistiques, sont journellement commises par des journaux, par de prétendus économistes ! Les situations douanières et économiques internationales, soit en tarifs *généraux*, soit en tarifs dits *conventionnels*, ne sont peut-être pas connues entièrement de plus d'une dizaine de publicistes français (et j'ai l'orgueil d'être de ces *dix*). Il faut des aptitudes spéciales, une énorme ténacité, scruter les chiffres et les faits, un grand patriotisme, puis des centaines de documents officiels difficiles à avoir, bien ardus à interroger, pour être, en cela, *vrai* avant tout, en tout ! Oui, quelles erreurs *économiques* de toutes sortes « courent » la Presse et dévoyent l'Opinion publique ! Ainsi, par exemple, des journaux et journalistes de Paris, de Lyon, affirmaient carrément que l'importation soyeuse de l'Italie, en France, était d'au moins 500 millions de francs : la vérité est qu'elle a été, en 1885, pour soies écrues, grèges et moulinées, de.................................. 72.144.142 fr.

Pour bourres et frisons de soie en masse, cardés, peignés ou filés, do.................................. 8.241.151

Pour tissus, passementeries, rubans de soie et bourre de soie, de.................................. 7 447.176

Additionnons : Quel chiffre total soies?............ 87.832.469 fr.

400 millions de francs d'erreur ! — C'est audacieux d'ignorantisme et de suffisance. Et voilà comment, presque en toutes questions financières, économiques, statistiques, la « Chose publique » est renseignée ! Aussi, où va-t-on ? A imiter... l'autruche.

On a trouvé dans mon grand Tableau synoptique ci-avant, — renouvelé de ceux (de 97 centimètres de haut sur 64 de large) que j'ai publiés en 1875 et en 1878, tous les chiffres agricoles et industriels qu'il importe aux agriculteurs, aux industriels, ainsi qu'à nos législateurs et gouvernants, de plus spécialement connaître *en ce moment*. Je suis, d'ailleurs, aux ordres de mon Pays pour le compléter.

([10]) Comme résultats administratifs, ils sont pleins d'enseignements, ces 7,766,000 fr. d'importation tunisienne... Notre exportation, de 23 millions de francs dès 1883, en cette colonie, *nécessaire* à tous les points de vue, me font bien augurer, comme au Tonkin, d'une grande prospérité future, si nous y avons administrateurs honnêtes et capables.

([11]) Que font donc nos coûteuses possessions hindoues ? Tout le « Système colonial » de la France est à modifier aux points de vue administratif, politique, producteur, commercial.

([12]) Nous achetons à la Chine pour 57 millions, au Japon pour 25 millions, aux Indes anglaises pour 6 millions de francs de soies grèges très inférieures (aussi, à fort bas prix...), lesquelles grèges *aident*, à la fois, 1° à ruiner nos éducateurs de vers à soie (qui, il y a encore vingt ans, tiraient de cette branche de l'Agriculture, de 100 à 130 millions de francs de soies admirables, donnant lieu à un mouvement de travail et de commerce de plus d'un milliard de francs ; 2° à obérer de plus en plus notre économie *domestique* par des étoffes ne durant pas, et, ce, au seul énorme bénéfice de quelques centaines d'*habiles* tisseurs et négociants — surtout Lyonnais, — *ne vendant qu'au mètre, non au poids*, les étoffes que l'on sait trop... (Voir ci-dessus, page 37, mes Conclusions spéciales aux *soies*.)

([13]) Etats-Unis : *Coton*, 129 millions de francs ; CÉRÉALES, 45 millions ; *Huiles*, *Pétrole* et *Schiste*, 26 millions ; *Graisses* (autres que celles de poisson), 20 millions ; *Tabacs*, 16 millions, etc. — Les *Tissus*, *Passementeries* et *Rubans* soie, bourre de soie, laine et coton, avec les *Ouvrages en peau et en cuir*, les *Peaux préparées*, et les *Vins* (8 millions et demi seulement) composent les 3/4 de ce que nous leur exportons.

([14]) En 1885, la Cochinchine proprement dite, à elle seule, nous a importé pour 3,519,947 fr. (pour plus d'un million de francs de *Riz*, 500,000 fr. de *Safran*, 265,000 fr. de *Soies*, etc.). L'importation du *Tonkin* n'a été (aussi en 1885) que de 9,343 fr.; mais la métropole y a exporté : en Cochinchine, pour 9,368,794 fr.; au *Tonkin*, pour 9,163,352 fr. (7 millions de francs de *Vins*, 2 millions de francs de *machines* et *mécaniques*, etc.). — Comme pour la Tunisie, quelle magnifique colonie que le *Tonkin*, c'est-à-dire tout l'Annam, si on le fait administrer par gens capables et honnêtes ! Que de place, là-bas, pour des centaines de mille d'émigrants malheureux, sans travail dans une Mère-Patrie qui, pour diverses causes, devient bien souffreteuse ! Quelle source de *matières premières*, et quels débouchés à une foule de nos industries ! Puis, quelle admirable escale à la fois politique, géographique, commerciale, pour la France en Extrême-Orient ! Tout nous commande de rester là, sur le flanc et les côtes du Gange anglais, en voisinage immédiat, terrestre et maritime, de cette Chine à 400 millions d'habitants, à proximité du Japon, des Indes néerlandaises, et de l'immense Polynésie, où il y a tant à « commercer ! » Mais, au Tonkin comme à Madagascar, — autre possession de tant d'avenir, — ne nous donnons pas sottement pour concurrents en politique, en négoce, Anglais, Allemands, Italiens... Gardons pour la France industrielle, qui en aura *bientôt* plus besoin qu'à présent, ces marchés de production et de consommation pouvant, en des mains sérieuses et loyales, devenir si richissimes...

Arrêtons ici ces Observations, sommaires, sur les *Importations* et *Exportations*, quoiqu'il y en aurait encore à faire de très nombreuses et fort importantes.

Tableau VI.

COMPARAISONS

Des Totaux annuels des Importations et Exportations

(Chiffres du Commerce Général)

Dans les trois périodes quinquennales de 1871 à 1875 de 1876 à 1880, et de 1881 à 1885.

(En Francs.)

Tous les nombres ci-dessous ont une extrême importance. Nous appelons sur (et *sous*) chacun d'eux la plus grande attention.

Années	Importations	Exportations		
1871..	3.053.400.000	3.278.000.000	P.-I.	675.400.000
1872..	4.501.600.000	4.756.600.000	P.-E.	255.000.000
1873..	4.576.400.000	4.822·300.000	*Id.*	2459.00.000
1874..	4.422.500.000	4.702.100.000	*Id.*	279.600.000
1875..	4.461.800.000	4.807.000.000	*Id.*	345.200.000
Totaux	21.915.700.000	22.326.000.000		
	4.383.100.000	4.473.200.000		

Moyenne quinquennale.

Années	Importations	Exportations	
1876..	4.908.800.000	4.547.500.000	361.300.000
1877..	4.569.900.000	4.370.800.000	199.100.000
1878([1])	5.088.900.000	4.111.700.000	([1]) 977.200.000
1879..	5.579.300.000	4.269.600.000	309.700.000
1880..	6.113.000.000	4.612.300.000	1.500.700.000
Totaux	26.259.000.000	21.911.900.000	4.348.000.000
	(4,244,200,000 fr. de plus que pendant les cinq années de la première période plus haut.)		*(En cinq ans!!!)*
1881..	5 996.200.000	4.724.000.000	1.272.200.000
1882..	5.961.900.000	4.764.000.000	1.197.900.000
1883..	5.886.700.000	4.561.700.000	1.325.000.000
1884..	5.239.000.000	4.218.400.000	1.020.600 000
1885..	4.930.000.000	3.955.800.000	974 200.000
	8.2013.800.000	22.423.900.000	5.589.900.000
	(C'est-à-dire SIX MILLIARDS *198 millions* de plus-importé que pendant les *cinq ans* de la première période quinquennale, — et **1,753,900,000 fr.**, *de plus*, encore, que pendant les cinq ans de la deuxième période.)	NOTA. On remarquera que, mis en présence du total des Exportations de la première période, celui de la deuxième est en déficit de 152 millions, et que celui de la troisième, mis en regard de la même deuxième, n'a fait que regagner, juste à 800,000 fr. près, les 512 millions de déficit de la deuxième.	*(De plus-importé, aussi en cinq ans).*

([1]) ANNÉE DE L'EXPOSITION UNIVERSELLE DE PARIS.... Après avoir bien scruté les époques et leurs faits principaux, je ne trouve pas d'autres explications à l'énorme et si rapide accroissement du *plus-importé* prenant un nouvel et déplorable essor depuis ladite année 1878... Livré aux méditations de nos gouvernants, de nos législateurs, des vrais mais si rares économistes sérieux. — Je n'ai jamais été partisan des Expositions *universelles*. Loin de là. Délégué de l'Isère à celle de 1878, à Paris, j'en suis revenu alarmé pour l'avenir économique et social de la France, et mon Rapport général au Préfet lui dit mes vives appréhensions, bien vives surtout en voyant les exposants français *travailler*, « *démontrer* » devant nos concurrents étrangers.

Ces chiffres sont des plus attristants : ils révèlent le *fond* des deux situations *économique* et *douanière* de notre Pays. Si, au moins, je le répète souvent afin que mes argumentations soient bien comprises, ces énormes *plus-importés* d'Etrangers à qui tout le marché consommateur français est si illogiquement ouvert à deux battants représentaient des *matières premières*, des choses transitoires, céréalistes et autres, d'alimentation proprement dite! Non : ce sont des Tissus, des draps, des objets fabriqués, des vins, des fourrages, des chanvres, etc., etc., lesquels ruinent les nôtres par leur concurrence *à bas revient*, par main-d'œuvre forcément plus élevée chez nous, par impôts surélevés sans cesse, par patentes grossissantes forçant le commerçant, — l'intermédiaire sur place, *nécessaire* entre la marchandise et le consommateur (¹), — à aller aux bas prix en encaissant seul, ou à peu près, les différences d'achats entre choses de France et choses d'étrangers sottement facilités dans leur concurrence par des *Tarifs conventionnels* que ceux qui se grisent de mots, — et qui ne connaissent ni ces « *Conventions* » ni leurs chiffres, ni les résultats parallèles, — osent appeler si faussement « libre-échangistes ! » Le *premier*, je leur ai fait la guerre, sans cesse, avec énergie, car je connais Tarifs et résultats; et c'est avec la plus profonde et raisonnée conviction, avec un patriotisme à la fois ardent et éclairé, que je crie plus encore qu'il y a douze ans déjà : « Par « les Tarifs conventionnels inaugurés en 1860, la France court « à la Misère, *à tous les affaissements* d'une fausse économie « politique désorganisatrice au premier chef..... » Et nous y sommes.

A ce jeu de toutes portes ouvertes même devant celles de douanes à peu près fermées ou seulement entrebâillées, le producteur étranger, le *négoce* français sont seuls en gains, souvent très gros, tandis que le Consommateur, — surtout « *le petit* », — l'Agriculteur, l'Ouvrier, « l'Etat, » sont en déperdition par presque chaque bout.

Les Etats qui nous *importent* le plus sont, par classification d'importance : Angleterre, Belgique, *Allemagne*, Espagne, *Italie*, Suisse, Etats-Unis, Indes anglaises, République Argentine, Russie, Turquie, *Algérie*, Autriche, Brésil, Chine, etc.

Aussi par ordre d'importance, les principaux courants de nos exportations sont : Angleterre, Belgique, Etats-Unis, *Allemagne*, Suisse, *Italie*, Espagne, *Algérie* (²), République Argentine, Turquie, Brésil, etc. La Chine ne vient que bien loin, avec

---

(¹) Que d'exagérations, même des injustices à ce sujet ! Ce n'est pas par là que « la Vie » devient graduellement impossible ; il y a bien de plus sérieuses écrasantes causes à ce que je suis tenté d'appeler « l'anémie collective et individuelle de la France.... »

(²) Mes lecteurs liront certainement avec intérêt les nombres comparatifs ci-après, relatifs à notre Algérie :

17 millions pour nous, 91 pour elle ; le Tonkin-Annam grossira rapidement ce trafic.

Tout ce Chapitre dessillera probablement bien des yeux ; on verra les réalités.

Tableau VII.

QUELQUES CHIFFRES D'IMPORTATIONS
INSTRUCTIFS PAR COMPARAISONS.

MARCHANDISES IMPORTÉES	En 1869 fr.	En 1879 fr.	En 1885 fr.
Viandes fraîches ou salées........ (28 millions de plus qu'en 1869 : il y a là un énorme accroissement à bien étudier à plusieurs points de vue, surtout à celui de la santé publique.)	*10.800.000*	64.700.000	*38.400.000*
Soies en cocons, écrues, teintes, et en bourres de soies .... (204 millions de francs de *moins* d'une période à l'autre : que de réflexions à faire sur l'état économique intérieur que révèlent ces nombres !)	448.400.000	391.700.000	*244.700.000*
Par contre, — chiffres à rapprocher des précédents, — 22 millions de francs de plus sur les **Plumes de parure**...............	*3.400.000*	*20.300.000*	*25.300.000*

	En 1873.	En 1885.
Elle a reçu de nous pour (francs).........	140.300.000 fr.	167.700.000 fr.
Elle nous a importé pour...............	148.600.000	123.600.000
(Entre autres pour 15 millions de francs de *vins*.)	288.900.000 fr.	291.300.000 fr.
Soit, entre Métropole et colonie, pour...	580.200.000 fr.	
Son *importation* générale avec tous les Etats a été de........................	47.400.000 fr.	55.000.000 fr.
Son exportation avec *idem*............	70.600.000	30.800.000
	118.000.090 fr.	85.800.000 fr.
Le total de 1885 « entre nous » étant de...		291.300.000
L'Algérie a donc eu, en 1885, un mouvement d'affaires de		377.100.009 fr.

C'est joli, mais ce devait être bien plus pour une population de 3.310.500 habitants et une surperficie de 479 kilomètres carrés.

Là, *aussi*, que de choses à modifier, à supprimer !

En 1885, la Tunisie nous a importé pour 6.244.000 fr., et nous y avons exporté pour 15.330.000 fr.

Poissons de mer..................	13.200.000	32.400.000	*54.000.000*
Fruits de table.................. (129 *millions* de francs pour Fruits *plus-importés* que la France a payés surtout à l'Italie, et qu'elle pourrait et *devrait* cependant produire, et bien plus encore.) (V. § 12°, page 43.)	*65.100.000*	*110.500.000*	*194.000.000*
Soufres...................... (Importation qui tend à revenir aux chiffres d'il y a vingt ans, et dont d'ailleurs, pour plusieurs causes, on n'a guère à se préoccuper vis-à-vis de l'Italie en cas de rupture.)	6.100.000	8.800.000	7.700.000
Machines et Mécaniques (lisez bien) (Et nos aciéries, hauts-fourneaux, taillanderies, etc.?)	*14.200.000*	*46.800.000*	*49.400.000*
Vins.........................	*15.900.000*	*126.700.000*	*396.300.000*
Chanvres (bruts, teillés, peignés, étoupes)................... (Voir *Vœux spéciaux*, § 5°, page 40.)	12.000.000	21.000.000	20.400.000
Par contre, un énorme moins-importé aux *Engrais*............	34.900.000	32.600.000	11.400.000
EAUX-DE-VIE (« L'alcoolisme... » grandissant)..................	8.900.000	13.700.000	21.600.000

VINS ORDINAIRES — IMPORTATIONS & EXPORTATIONS

(En Hectolitres.)

PROVENANCES.	En 1869 hect.	En 1879 hect.	En 1885 hect.
Italie......... .... (En 1880... 1.582.864 h. 1881... 1.532.257 1882... 781.898 1883... 1.904.909 1884... 2.148.623 à 45 fr. l'hecto, prix moyen : multipliez et chiffrez en francs.)	*6.507*	522.754	*867.410*
Espagne...................... (Depuis et y compris 1880, l'importation vinicole espagnole est de 5,500,000 hectos, en moyenne ! Que de « coupages, » de baptêmes, il y a sous ces chiffres !)	292.093	*2.233.152*	*5.610.485*
Suisse (romande)	11.200	2.755	5.044
ANGLETERRE (Cap, Australie, etc.).	400	25.973	2.622
Totaux......	*310.110*	574.634	*5.885.561*

(Pour les vins de la Grèce, V. le § 13° plus loin, p. 45.)

Tableau VIII.

TABLEAUX COMPARATIFS

des TOTAUX ANNUELS des IMPORTATIONS et EXPORTATIONS de l'Italie

Avec la France et TOUS les Etats, de 1874 à 1885

(Les chiffres sont des millions et des mille seulement ; centaines supprimées.)

	1874	1875	1876	1877	1878	1879	1880	1881	1882	1883	1884	1885
IMPORTATIONS en Italie par tous les Etats, France comprise..............	1.304.994	1.215.309	1.327.222	1.156.265	1.070.647	1.261.651	1.225.644	1.332.012	1.345.401	1.380.288	1.343.765	1.575.237
France et Algérie.....	395.242	369.850	428.191	332.072	272.914	301.098	305.978	366.890	420.725	368.195	291.074	373.353
EXPORTATIONS de l'Italie en tous les Etats, France comprise.	985.459	1.033.682	1.216.853	953.188	1.045.301	1.106.919	1.132.288	1.192.323	1.155.833	1.199.927	1.096.417	1.134.321
France et Algérie...	367.640	392.557	*547.317*	418.890	489.292	473.067	*505.559*	*551.309*	*469.126*	*508.972*	426.938	*515.090*

NOTA. — Ces nombres sont pleins d'enseignements. Outre son armée, qu'ils n'ont jamais vaincue, pas même à Fornoue, ils vont rendre la France bien forte, car, entre autres clartés, ils nous montrent que nous achetons à l'Italie pour très près de la moitié de ses exportations générales : en 1885, pour 515 millions sur 1,134 millions ; commercialement et économiquement, *comme aussi pour ses emprunts, l'Italie ne peut vivre que par nos achats.*

Et quelles sont ses exportations en cette Allemagne à qui elle s'allie contre sa « gestatrice », sa Mère » ? Les voici ; que l'on compare :

1874	1875	1876	1877	1878	1879	1880	1881	1882	1883	1884	1885
18.569 (1)	23.634	20.569	16.615	20.849	23.800	78.380	67.985	73.058	88.550	109.251	105.250

soit, *en douze ans*, **un total de 646,510,000 francs,** de 130 à 140 millions de plus, seulement, d'une année de nos achats à cette triple ingrate. Tenons-lui donc la dragée aussi haute qu'elle le mérite ; au besoin, fermons-lui tout à fait nos portes, et achetons ailleurs ; nous n'avons *absolu-besoin* de rien d'elle ; à peine pour ses soufres, et, encore il serait facile de s'en procurer de façon ou d'autre. Quant *à ses grèges soies*, revoir à la fin du *Préambule*, § IV, page 12, ce qui en entre à Lyon.

Le Tableau ci-dessus est vraiment un phare.

(1) 18,569,000 francs, etc.

IIIe PARTIE

CONCLUSIONS

VŒUX GÉNÉRAUX ET SPÉCIAUX

I

A interroger sérieusement les chiffres (des centaines de mille il est vrai !), on voit, par ceux qui précèdent, « la Vie française » saillir des totaux d'importations-exportations... Par eux, que d'enseignements de toutes sortes !

J'ai hâte de sortir mes lecteurs du milieu des broussailles de mes chiffres et de mes appréciations. Je les fatigue sûrement, mais ils me pardonneront, peut-être, en se disant d'abord que j'ai dû céder à l'invitation si honorable qui m'a été faite de tâcher « d'éclairer les Pouvoirs publics et l'Opinion publique » (textuel), sur ces fort graves questions économiques, si ardues à bien connaître, et sur lesquelles j'ai tant publié depuis bientôt quinze ans ; ensuite, que l'ardeur de mon patriotisme m'a fait aussitôt déférer à cette invitation, car il y avait à montrer à mon Pays, déjà trop exploité, trop malheureux, quelques-uns des traquenards de cette politique italienne qui ne cesse de nous coûter sang, or, ou préoccupations extérieures ; de cette Italie qui, de par son premier traité douanier du 17 janvier 1863, doit à notre marché consommateur une *plus-value importative*, moyenne, annuelle, de 300 à 350 millions de francs ; — de cette Italie qui ose, *en ce moment* où elle vient de s'unir à nouveau offensivement et défensivement avec notre mortel ennemi, nous présenter un cynique Tarif général où tous ses chiffres d'importation sont très fortement surélevés(1).

---

(1) Voir le grand Tableau, colonnes 6 et 8.

Veut-on savoir l'*une* des causes (seulement industrielle celle-là) qui ont donné aux négociateurs italiens l'audace, — très patriotique d'ailleurs *pour eux*, pour leurs intérêts matériels, — de nous présenter leur nouveau Tarif général ? La voici ; écoutons et méditons ce que je trouve dans un Rapport de consul :

« A la suite des efforts tentés pour créer une grande industrie ou agrandir « les anciennes et les transformer, il se produit en ce moment en Italie un très

Elle cherche à aider l'Allemand à appauvrir davantage sa bienfaitrice, cette France qui l'a unifiée, et pour qui elle a comme soif d'ingratitudes. L'Italie n'a cessé depuis des siècles, et plus encore depuis 1871, de bien mériter le qualificatif de « stylet de la France ». Crispi et Machiavel, quels étendards pour cette « habile ! » Elle joue gros jeu : elle risque d'y sombrer, et avec elle, malheureusement, cette vieille et populaire maison de Savoie à laquelle nous attache notre berceau, notre première et si saine Patrie.

Je dois, maintenant, déférer à un autre désir : celui d'indiquer des vœux, — généraux ou spéciaux, — de formuler des *desiderata* sur telle ou telle partie de la Législation, ou plutôt de la situation douanière. C'est là une responsabilité, presque une outrecuidance, devant laquelle il m'est en quelque sorte ordonné, ici, à cette place, de reculer : il y a autour, au-dessus de moi, trop d'hommes politiques, trop d'émérites agronomes, pour que j'ose sortir de mon humble sphère et leur dire : *Eurêka !* Je me contenterai donc, — et ce me sera déjà trop grande hardiesse, — de chercher modestement à jalonner un peu la route du *Mieux* en cette branche de l'Economie politique. A ceux qui savent à trouver ce *Mieux*.

On l'a certes compris, dans les pages qui précèdent, en donnant chiffres et appréciations j'ai eu le dessein, *currente calamo*, de faire réfléchir le lecteur sur ce qui, *à son avis*, pourrait modifier ou même remplacer choses n'ayant pas assez ou point de raisons d'être. Je tiens, en effet, à ce qu'il s'établisse de lui à moi comme une émulation de pensées « d'intérêt général » profitables, non pas seulement à un parti politique, mais à tous, car, à mes yeux, « le Bien » n'a à être abrité que

---

« vif mouvement protectionniste. *Beaucoup demandent la revision des traités,*
« *l'augmentation des droits d'entrée sur tous les produits manufacturés venant*
« *de l'Etranger.—Quoique l'industrie italienne soit encore loin de pouvoir, pour*
« *la plupart des articles, fournir aux besoins de la consommation intérieure,*
« ELLE PRÉTEND S'ASSURER LA COMPLÈTE POSSESSION DU MARCHÉ NATIONAL, *et elle*
« *demande au Gouvernement de l'y aider......* »

De là leur futur Tarif général surtaxant énormément les produits français dont l'Italie peut à présent se passer (entre autres les Ciments), et cherchant, à nos dépens, à grossir son budget des recettes.

A propos de l'*industrie* de notre voisine, apprenons à qui ne le sait qu'il y a en Italie environ 4 millions 200,000 ouvriers *industriels*, juste la moitié du nombre français, *familles comprises*. — On compte environ 900,000 *tisseuses*. La main-d'œuvre est d'un bon marché extraordinaire en Italie, surtout dans le Sud (la Sicile, la Napolitaine, les Calabres, les Abruzzes, et aussi le Bergamasque, le Trentin, etc.). Là elle arrive à peine à une moyenne de 2 fr. 50 par journée d'homme (de 11 heures, et même, souvent, de 12). Ailleurs, la moyenne est d'environ 3 fr. 25 à 3 fr. 50. Les femmes ont de 10 à 15 centimes par heure. Il est bien d'ajouter qu'une *journée* italienne de 11 à 12 heures ne représente guère que 8 à 9 heures françaises, car, à cause des températures généralement élevées, l'heure du travail italien ne produit pas autant que l'heure française, et moins encore que l'heure anglo-saxonne.

sous un drapeau : celui du Patriotisme, l'amour *désintéressé* de la Patrie.

Donc, causons au coin du feu.

II

VŒUX GÉNÉRAUX

Et d'abord, ne perdons pas de vue cette vérité (1), — qui, logiquement, aurait, le 23 janvier 1860, le 17 janvier 1863, dû l'être pour nos gouvernants d'alors, — que ce sont leurs intérêts *bien entendus*, — (*primo mihi*, et c'est même là une circonstance atténuante, fort minime toutefois eu égard à..., à tout pour l'Italie), — qui guident les peuples et les gouvernements, les législateurs les mieux avisés, les plus patriotiques... envers eux : c'est leur devoir strict d'être égoïstes.

Dès lors, soyons libre-échangistes de *principe*, mais à concurrence seulement que, selon les milieux, les circonstances et les situations géographiques, l'application de ce principe sera favorable, utile aux intérêts matériels, à la prospérité, comme à l'honneur bien entendu de la France. Sinon, soyons protectionnistes, faisant d'abord et autant que possible de la *réciprocité*, puis, au besoin et subsidiairement, faisons tout au moins de rationnelles et fructueuses *compensations*. N'ayons, comme l'Angleterre, comme l'Italie, comme tous les Peuples, cure que de nos intérêts de Nation.

Au fond, au contraire, à ne considérer que les résultats, trop palpables, et non de fausses théories économiques, les « Tarifs conventionnels », que d'aucuns, suivis par la crédulité publique trompée, ont si improprement appelés *libre-échangistes*, ont, avant tout, permis aux États « conventionnels » produisant davantage que leur propre consommation d'envahir avec leurs excédents le Marché français industriel et consommateur. L'on entrevoit, sous cet envahissement de producteurs étrangers favorisés même par des charges publiques moins lourdes que les nôtres, la clef de bien de regrettables faits d'ordres à la fois social (les chômages, les grèves (2)), politique, économique.

Il faut donc :

— Ou changer du tout au tout le Présent, en n'ayant plus que des Tarifs généraux aussi fructueux que possible pour

---

(1) Voir *Préambule*, pages 5 à 7.

(2) *Des Grèves ouvrières, de leurs causes et effets, des moyens de les prévenir*, par B. Nicollet. — 3 édit., 1869-1870-1871 ; gr. in-8° de 32 pages.

notre budget des recettes, afin de pouvoir jeter à terre une foule d'impôts vexatoires, onéreux, ou trop coûteux (et Dieu sait s'il y en a !) : c'est même là, avec les assurances *incendie, vie, grêle,* etc., avec un impôt *alcools* d'hygiène publique, avec un autre non *sur* le revenu (impôt qui ne tient pas devant les « conscients », si rares il est vrai), mais *proportionnel*, les trois grandes assises du Fisc que je voudrais voir surgir de nos insanités budgétaires, devenant de plus en plus contraires à tout rationnalisme *économique ;* — oui, abroger, enfin, ces inégalités de tarifs qui ne sont, au fond, que des primes de *moins-payé* en faveur des étrangers acheteurs de produits français pour, souvent, en faire bénéficier contre nous, chez eux et au dehors, leurs nationaux ; et ceci soit dit *surtout pour l'Italie ;*

— Ou réciprocité de droits sur les produits similaires récoltés ou fabriqués par les Nations contractantes : réciprocité proportionnelle à l'importation et l'exportation ; proportionnelle aussi aux destinations (alimentations, fabrications, ou de simple transit) *idem* pour les droits de sortie, d'exportation [1] ;

— Ou franche et catégorique *protection* des produits français lorsqu'un Etranger (ainsi, par exemple, *en ce moment l'Italie*), ose audacieusement nous proposer un nouveau Tarif général surtaxant *une deuxième fois* (car il y a déjà eu, en 1878, de premières surtaxes sur les tarifs du premier traité du 17 janvier 1863), pour ainsi dire chaque article, même de 50 à 150 %; tels, par exemple les Ciments français, *exempts* en 1863, exempts de par la « Convention » d'avril 1881, cependant frappés, d'abord il y a deux ans d'un droit de 5 francs par tonne (1,000 kilos), puis, de par son nouveau tarif général *spécial à la France,* de 12 fr. 50, ce qui doublerait le prix de vente de la tonne, lequel est juste de ce taux, et raserait au pied cette très grosse industrie française. Les « cimenteurs » italiens ne veulent pas que les Ciments français fassent concurrence, — surtout par leur *bien-faire,* — à leurs usines : Crispi veut les

---

[1] L'Italie s'est créé, depuis janvier 1863, un beau revenu avec ses droits de sortie, surtout sur les articles soyeux.

La moyenne des droits perçus par la douane italienne sur l'ensemble du commerce *général* de toutes les importations qui lui ont été faites s'élève au 15 % de la valeur totale en francs. Cette moyenne n'est, pour la France, que de 8 et 1/2 %. — Sur nos marchandises, la moyenne italienne est de 8 %, tandis que, de nous aux siennes, elle n'arrive même pas au 2 % (1 fr. 08).

L'Italie a exporté en 1885 :

En Angleterre, pour..............	73.700.000 fr.
En Autriche, —	101.000.000
En Allemagne, —	105.200.000
En Russie, —	18.000.000
En Turquie, —	14.400.000
En Suisse, —	124.800.000
En Amérique, —	45.600.000

protéger ; eh ! bien, que, pour *tous* les produits ausoniens, notre Tarif général soit, à partir du 1er janvier 1888, protecteur aussi. Pas de faiblesses !

— Lorsque, mais par exceptions, il serait besoin de recourir au système des *compensations,* il ne serait que juste de n'établir ces « compensations » qu'entre produits de même ordre ; c'est-à-dire ne *compenser* un ou plusieurs produits industriels que sur un ou plusieurs *idem;* un ou plusieurs produits agricoles, par un ou plusieurs autres produits aussi d'ordre rural. C'est-à-dire, encore, ne pas *compenser* l'industrie au détriment de l'agriculture, *et vice versa.* L'on a si souvent « *compensé* » l'Ouvrier sur le dos de l'Agriculteur !

— On m'a posé, ici, à Paris, dans l'Enquête même, cette question : « *Que pensez-vous de la clause de la nation la plus favorisée?* » J'ai répondu déjà, et j'accentue énergiquement ma réponse ensuite des nombreux faits à l'appui qui ont surgi depuis 1874, en demandant le « personnalisme », « l'individualisation des Traités, c'est-à-dire des tarifs douaniers spéciaux à chaque Etat contractant, selon les produits que chacun de ces Etats récolte, achète ou vend. Donc, suppression de cette clause de « la nation la plus favorisée », laquelle est dangereuse, impolitique au premier chef ; laquelle, aussi, est une source presque permanente de difficultés internationales de diverses sortes, soit au point de vue économique, soit à celui des alliances politiques de la France. Une Nation étrangère peut, ainsi, en favoriser une autre ; témoin l'Angleterre pour la Belgique et le Portugal ; témoin encore, il y a vingt ans, la Prusse, une première fois vis-à-vis du Zollverein allemand, une deuxième fois dans le triste traité de Francfort, d'avril 1871 ([1]), en faveur de ses alliés contre nous ; témoin encore l'Italie vis-à-vis de l'Allemagne, etc.

Oui, je ne saurais trop insister sur ce point, exigeons le *personnalisme* des Traités de commerce.

— A cette question : « *Que pensez-vous des surtaxes d'entre-« pôt ?* » J'ai répondu et réponds encore : — Elles n'ont pas de raison d'être ; elles n'ont, au contraire, d'autre conséquence que de renchérir les produits exotiques au détriment du consommateur français, qu'on oblige ainsi à aller chercher très loin ce qu'il a souvent à sa porte.

— A cette autre question : « *Que pensez-vous des admissions « temporaires ?* » j'ai répondu et réponds encore : Si le principe de l'admission temporaire n'est autre chose que la faculté

([1]) **Dès le 2 mai 1871**, dans le *Réveil du Dauphiné*, j'imprimais que « le « traité de Francfort serait plus néfaste à la France que la perte de l'Alsace-« Lorraine et les 5 milliards d'indemnité. » Et, dès le 2 *mai* 1871, j'avais trop raison ! L'odieux Jules Favre n'a pas, pour le malheur de la « noble blessée », seulement commis le crime « d'oublier » l'armée de l'Est.....

pour un Français de se procurer à l'étranger des matières premières pour fabriquer des produits destinés à l'étranger, oui ; mais si ce principe de l'admission temporaire n'est qu'un moyen déguisé de constituer une prime inavouée à l'aide d'une sorte de trafic sur les importations, non.

— *Insistance* [1] pour que toutes les Compagnies de chemins de fer, ainsi que ceux de l'Etat, s'entendent pour abaisser et *unifier* leurs tarifs, par catégories kilométriques peu nombreuses, en faveur des blés, de toutes les *céréales*, de leurs *Farines*, des *Vins* et des *Bestiaux* soit de cheptel, soit d'alimentation, chevaux *de courses* exceptés. Transport par toutes ces mêmes Compagnies des *Fruits frais de table* en *grande* vitesse, mais à tarif de petite. (V. ci-après aux VŒUX SPÉCIAUX, — *Fruits*, § 12°, page 43.)

III

VŒUX SPÉCIAUX

1° VINS

Il serait à la fois rationnel, de toute équité :

1° Que la base des droits douaniers internationaux soit, *réciproquement*, la valeur alcoométrique, et qu'il soit stipulé que ces droits, égaux, seront de tant par chaque degré à partir de 1 jusqu'à (inclus) 8 degrés, en augmentant ce droit unique (réciproque, je le répète) de la base 1, à partir du 8e jusqu'au 11e inclus ; au-dessus du 11e, le double de la première base ; enfin, du 11e au (et inclus) 15e, le triple de la base 1 à 8 ; au-dessus du 15e degré, les droits sur l'alcool (j'ai de nombreux dosages alcooliques de vins italiens) ;

De même pour tous octrois municipaux ;

---

(1) Vœu que j'ai déjà exprimé bien des fois depuis quelques années, et dès 1873, en *Sud-Est* d'octobre 1883, pages 446 à 450, dans un article du 16 dudit, étudiant toutes les distances et les unifiant par catégories de kilomètres et de tarifs fort peu nombreuses.

En 1885, la MÉTALLURGIE française a *moins-importé* en Italie 10,000 tonnes, tandis que l'Allemagne lui en a PLUS-importé 28,000.

A ce sujet, il me paraît fort utile de faire remarquer que le considérable accroissement annuel de l'importation allemande en Italie est grandement favorisé par les différences du prix de transport des marchandises par chemins de fer. Ces prix sont tous à l'avantage de l'Allemagne, grâce *à groupement en un même wagon* (allemand ou italien) de marchandises de natures diverses. Ainsi, par exemple, 100 kilos d'articles de Paris, modes, tissus, fleurs artificielles, ferronneries, etc., payent, de Cologne à Milan (930 kilom.), 8 fr. 86 ; de Paris à Milan (950 kil.), 11 fr. 76 ; différence : 2 fr. 90. — Nos exportations s'accroîtront grandement lorsque les tarifs de nos chemins de fer seront davantage... *français*.

B. N.

2° Qu'étendant ce système de réciprocité progressive égale à partir de *un*, on l'applique, par assimilation, à ***toutes*** les Boissons, à tous les liquides alimentaires et industriels, tels que bières, vinaigres, jus, cidres, hydromels, poirés, *etc.* (Quant aux alcools, V. ci-après, 2°);

Et *subsidiairement*, en ce qui touche spécialement l'Italie, je demande, en attendant la réalisation de mon « échellage » alcoométrique, que l'on frappe ses vins *ordinaires* du même droit de 5 fr. 77, plus 1 fr. de sortie, — soit 6 fr. 77 [1], soit 7 fr. — par hecto de vin titrant de 1 à 8 degrés ; de 12 fr. par hecto de 9 à 11°, et de 15 fr. de 12 à 18°. Au-dessus, droits de l'Alcool *de vin*.

En ce qui concerne le régime douanier, si étrange aussi, des vins de l'Espagne, qui n'est pas en cause en ce moment, je me contente de rappeler ce que je publiais en mai 1878, à Paris : j'émettais à *nouveau* le regret des conséquences mauvaises, multiples, que les trop légers droits sur ses vins auront (ont eu) pour ce que j'appellerai « *la viniculture commerciale de la France;* » ces vins pourront, de plus en plus, servir à la dénaturation des nôtres par coupages accompagnés de « baptêmes ». — Ce regret de 1878 est, aujourd'hui, bien plus motivé encore. En effet, V. le Tableau *Quelques chiffres instructifs*, p. 27.

2° ALCOOLS *(ou Esprits)*.

1° De même que pour les Vins (voir plus haut, § 2°), réciprocité de droits sur tous les Alcools *de vin*, degré par degré à partir de *un*. — Le double de ce droit pour les Esprits de grains, le triple pour ceux de betteraves, si atrophiants pour la santé publique.

2° Suppression du remboursement des droits à leur sortie des alcools de betteraves belges, allemands, autrichiens, remboursement qui n'est, au fond, qu'une prime aidant à nos concurrents, et pour quels alcools !

Quant aux *Spiritueux*, il y aurait bien d'autres ***desiderata***, modifiant le régime *intérieur*, mais il ne s'agit ici que de douanes.

3° VINAIGRES ALIMENTAIRES.

La production vinaigrière de la France suffit, et bien au delà, à sa consommation, puisqu'elle en exporte 4,987 hectolitres et qu'on ne lui en importe que 1,432 hectolitres.

---

[1] Prix qu'elle nous a fait payer de janvier 1863 à 1881, pendant que les siens, de 12° en moyenne, entraient en France en ne payant que *trente centimes* par hecto : faveur plus qu'étrange, dont, d'ailleurs, jouissaient tous les vins étrangers (directs ou transitants), même les *marsala*, les *tokay*, les *constance*, les *lacryma-christi*, les *chypre*, etc. Je ne dis que vérités. C'était là, n'est-ce pas, du « LIBRE-ÉCHANGE ? » Et de même, en mille cas ruraux ou industriels !

Dans l'intérêt de l'hygiène publique, je désirerais voir frapper d'un fort droit, très fort comparativement aux vrais *Vinaigres de vins*, soit d'entrée en France, soit chez le fabricant français, tous les Vinaigres de bois, *sources* (on le peut dire) de dangereuses gastrites.

4° COCONS, SOIES GRÈGES, MOULINÉES.

Nous sommes là en présence d'une grosse et complexe question ; il s'agit d'une production qui a été très lucrative pour les agriculteurs de trente départements, lesquels encaissaient annuellement, de ce chef seul, de 100 à 130 millions de francs de cocons, production descendue à 8 à 12 millions seulement depuis 10 à 12 ans.

Il s'agit, de plus, d'une industrie nationale entre toutes, car elle était bien la représentation de notre antique et comme intuitif amour du Beau ; industrie qui, d'ailleurs, remuait, il y a vingt ans encore, bien plus d'un milliard de francs et occupait environ 300 à 400,000 paires de bras.

Quoique ces sujets me soient pour ainsi dire *intimes*, je serai bref ; je me contenterai de faire quelques extraits du long Mémoire (40 pages in-4°) qu'en 1878, sur la demande du si honorable sénateur M. Bérenger (de la Drôme) et pour un groupe de sénateurs et députés du Midi (¹), je fis sur *la Production et l'Industrie des Soies en l'état actuel*. Ce que j'en disais il y a neuf ans a plus de force encore aujourd'hui, faits, argumentations, conclusions : argumentations et conclusions sur lesquelles j'insiste avec une énergie d'autant plus grande, que la triste situation sérifère que signalait mon Mémoire de juin 1878 n'a fait que s'aggraver, et par les mêmes causes, depuis huit ans.

J'y disais :

La « question soyeuse » affecte la France entière par ses multiples conséquences économiques et somptuaires : plus la vie est chère, plus le vêtement devient coûteux par la rareté ou par la plus grande usabilité de l'étoffe, plus, par suite, il faut gagner pour parer à des dépenses croissantes. De là à des troubles économiques, à des « revients » de Travail-Capital haussant de plus en plus les choses matérielles, la France irait où ? A des fébrilités incessantes, au milieu desquelles tout pourrait s'abîmer, ou tout au moins péricliter.

Il est donc du devoir urgent de nos Législateurs, de nos Gouvernants, de prévenir de telles éventualités, dont partie sont déjà de tristes réalités.

C'est le *Lyon « commerçant »* qui a toujours pesé souverainement sur tout ce qui se rattache aux soieries. Dans les régions gouvernementales, on n'a jamais eu d'yeux et d'oreilles que pour le *Commerce* lyonnais. Les 500,000 à 600,000 producteurs de cocons (c'est-à-dire

---

(¹) Ce Mémoire a figuré dans la grande enquête agrico-industrielle de 1878

l'Agriculture), les filateurs, les mouliniers, les 100,000 à 200,000 ouvriers et ouvrières des 2,500 usines opérant sur la matière première, les centaines de mille d'autres ouvriers et ouvrières en étoffes, en rubans, velours, passementeries et fils de soie, jusqu'à la Consommation, tout, jusqu'à la vieille bonne renommée de l'industrie des soieries devenue véreuse par l'emploi des soies basses asiatiques et de certains agents chimiques, tout, en un mot, a constamment subi la loi des hauts comptoirs lyonnais, qui, *ne vendant pas au poids, mais au mètre*, les étoffes pures *(rara avis!)* ou mélangées (la règle aujourd'hui), gagnent d'autant que la consommation perd en durée moins grande de l'étoffe « trompe-l'œil » de nos jours.

« Avant que le conditionnement des soies fût établi, disait en 1879 M. Barral, l'illustre publiciste agronomique, la principale fraude des industriels qui manipulaient cette substance consistait à l'alourdir avec de l'eau ; depuis lors, les teinturiers ont trouvé moyen de faire regretter ce premier abus: au lieu que la soie s'allège dans leurs chaudières, elle s'y charge de 100, 150 et même 175 pour 100 de matières étrangères ; si bien qu'en tenant compte de ce qu'on y intercale encore de fibres textiles diverses, on arrive à comprendre cette définition donnée par les gens du métier : *la soierie est un composé chimique dans lequel il entre un peu de soie.*

« De telles pratiques suffisaient déjà à ruiner la plus florissante industrie, mais nos commerçants ont trouvé que cela ne suffisait point encore : ils ont eux-mêmes déprécié ces soieries, de qualité telle quelle, en permettant qu'elles fussent vendues à Londres à des prix inférieurs à ceux de Lyon. Si ces agissements ont pour but de réserver à la place lyonnaise la ventes de *soieries pures et authentiques*, nous aurons vu là une fois de plus le remède engendré par l'excès du mal. Mais sommes-nous bien arrivés à ce moment psychologique ? »

Que fait à Lyon l'*origine* des cocons, des soies grèges et moulinées, pourvu qu'il vende avantageusement et même « *ouvre* », transforme en étoffes, les soieries si peu durables de nos jours? Il vend, redisons-le, les étoffes au mètre, non au poids : que lui importent donc, — au moins jusqu'à un certain point, — l'Agriculture, la Filature, et même le Moulinage français, pourvu que ses commerçants vendent, n'importe où, les étoffes *actuelles ?* La Production française n'influe pas, ou que fort peu, sur les ventes lyonnaises : ces ventes ne tournent guère en souffrance que par des fébrilités politiques ou par des faits économiques intérieurs ou internationaux.

Les cocons, les grèges manquent en France? La Chine, le Japon, les Indes, la Turquie, l'Espagne, l'Italie sont là (¹).

Et il est même remarquable, fait sur lequel nous appelons une attention toute spéciale, que le bas prix *actuel*, et depuis cinq ans, des cocons français, — bas prix qui étonne tout le monde à cause d'une rareté qui devrait cependant les faire hausser, — est dû principalement à la préférence de plus en plus accusée donnée par Lyon à ces grèges asiatiques si utilisées en mélanges, ou même seules, et qui ont depuis quinze ans de si funestes conséquences pour l'Economie domestique.

Il est temps que l'intérêt général prédomine, enfin, sur l'intérêt particu-

---

(¹) En 1878, une pétition d'éducateurs de vers à soie, de *filateurs*, de *mouliniers*, d'*ouvriers* — ouvrières de l'Ardèche, Gard, Drôme, Vaucluse, etc., demandait au ministre de l'agriculture l'établissement d'un droit d'entrée de 25 0/0 *ad valorem* sur les soies de provenances *asiatiques*.

lier de quelques centaines de négociants et de commissionnaires en soieries.

J'ajoutais en juin 1878, puis en 1879 et 1880 :

Il est triste de conclure que la *sériciculture*, la *filature* et le *moulinage* de la France ne peuvent plus, — ou au moins d'un certain temps, c'est-à-dire jusqu'au relèvement de sa production en cocons et de leur qualité, — lutter efficacement contre ses nombreuses rivales ni pour la *quantité*, ni pour le bon *marché*.

Mais une chose très importante leur reste, ou plutôt peut leur rester : la *qualité* des *étoffes*.

C'est pour que cette qualité, leur seul élément de salut, ne soit pas perdue à son tour, que j'ai lutté dès 1866-67 contre les graines japonaises, que je voyais dès alors comme la cause la plus active de la double dégénérescence de notre production de cocons et de la vieille bonne renommée de nos étoffes de soie. Et cette qualité, nos cocons *actuels* (en 1879), eux aussi et à leur tour, sont en voie de la diminuer plus encore que ne l'ont fait les cocons japonais. En effet, les sélections à outrance en pays aussi infecté que la France [1] ont pour mauvais résultats, non seulement d'affaisser davantage des récoltes déjà si décroissantes en diminuant la quantité des cocons, mais encore en abaissant le poids et le titre de la plupart des cocons ainsi obtenus, car *plus un cocon est fin, plus il est* DÉGÉNÉRÉ *par une « civilisation »* outrée, moins il pèse, moins la soie est abondante, forte, durable, « honnête ».

Maintenant à quoi bon faire ressortir une vérité que chacun sait? C'est que la Consommation ne s'est éloignée de la soie, de la vraie, que par suite de sa cherté, — cherté spécialement française, — et qu'elle s'en est allée forcément à ces mélanges, à ces soies inférieures dont je considère l'emploi, *devenu général*, comme l'une des principales causes de la décadence du travail soyeux ; décadence dont la base est avant tout l'insuffisance, la décroissance et la *mauvaise* qualité, par irrationnels grainages, de la production indigène.

Que faire ?

I. — Prendre gouvernementalement des mesures pour faire redevenir prospère la production française des cocons : CELA SE PEUT, — je suis prêt à dire comment, — mais il est nécessaire avant tout de rompre, au moins en partie, avec les errements *officiels* séricicoles actuels [2].

II. — Par des cocons plus abondants, meilleurs, à main-d'œuvre et triage plus faciles, *revient* conséquemment moins élevé et amélioration de la fabrique des étoffes.

---

[1] Ce n'est certes pas contre le *principe* des sélections en *général* que je m'élève ici, car le principe a toutes raisons d'être pris dans son ensemble, mais seulement contre les sélections séricicoles *en pays contaminés* soit de par la feuille de mûrier, soit par les vers devenus scrofuleux au premier degré par leur élevage en régions infectées.

[2] Ce ne sont pas les primes données en concours régionaux à certains magnaniers qui ramèneront une plus grande production de cocons... Bien au contraire! La Commission du Budget ferait bonne économie en supprimant ces quelques milliers de francs (et bien d'autres en ces concours régionaux...), lesquels ne produisent qu'une extension, une augmentation du mal sérifère.

III. — Afin d'obtenir divers et des plus désirables résultats, je demande, redemande des droits d'importation sur *toutes* les soies étrangères (cocons, grèges, écrues, moulinées, teintes ou non) provenant soit de l'Indo-Chine, soit d'ailleurs; mais ces droits devraient être PROPORTIONNELS, c'est-à-dire basés sur LE TITRE des soies importées, EN APPLIQUANT LE TAUX LE PLUS ÉLEVÉ AUX SOIES LES PLUS BASSES, **et vice versa.**

On devine de suite mes ***divers buts*** (agricole, industriel, d'économie domestique, et somptuaires) par cette « échelle » de droits proportionnels aux titres des soies importées...

(Voir à la fin du Préambule, § IV, page 12.)

Passons aux

5° CHANVRES

C'était là une très grosse affaire pour l'Isère, et surtout pour l'arrondissement de Grenoble ainsi que pour notre cité elle-même. Beaucoup de mes concitoyens grenoblois se souviennent, — et moi plus encore que beaucoup, car je suis bien vieux ! — des très nombreux « *pignéros* » (peigneurs) du faubourg Très-Cloîtres, avec leur bonnet de laine blanc, porté presque comme les Phrygiens, et des tisserands de la Montée de Chalemont manœuvrant philosophiquement leurs navettes. Et Voiron, avec ses riches « blanchisseurs », fabricants et négociants des fameuses et inusables « toiles de Voiron ! » Oui, bien grosse affaire, car peigneurs et tisserands de Grenoble manipulaient, bon an mal an, ***16 à 18 millions de francs.*** Neiges d'antan ! Aujourd'hui, *depuis les chanvres* « ***d'*ITALIE** », pas même du 6e au 7e ! D'abord la concurrence italienne en matière première (filasses, étoupes) entrant à pleines voiles en France depuis le 17 janvier 1863; puis (— signe progressif de non-prospérité générale, abandon de la saine économie domestique, du luxe, du vrai luxe de nos grand'mères, qui tenaient à orgueil d'avoir « un plein grand placard de linge » en toile —), le coton remplaçant la toile, comme EN TOUT, même en phrases, même en..... Le strass, le faux, a trop remplacé le bon, le vrai.

Oui, depuis des années, le chanvre a presque disparu des cultures dauphinoises, et même de la Savoie, où cependant la disparition est moins complète. A peine, par-ci par-là, voit-on dans le Grésivaudan quelques champs de chanvre, que l'on fait teiller à la ferme et à la main dans les veillées hivernales, et, souvent, cette production ne sert qu'à la famille fermière pour son linge de corps et de table; peu arrive aux acheteurs de filasse de Grenoble.

Il serait heureux, dans le désarroi actuel de l'ensemble de notre agriculture, de voir se relever cette production éminemment dauphino-savoisienne, et cela me semble facile ; il suffirait :

1° De frapper d'un fort droit d'entrée à leur importation en

France, au lieu de les y exempter *entièrement* (Voir le grand Tableau, nos 131 à 134),

les	6.009.776	kilos de chanvre	*italien*	teillés	(V. *idem*),
les	2.310.312	—	—	en étoupes	(*id.*),
les	803.878	—	—	peignés	(*id.*),
les	130.145	—	—	en cordages	(*id.*),

Soit **9.254.111** kilos, d'une valeur d'environ 35 à 40 millions de francs rien que comme *matière première*, — sans compter la valeur que leur donne l'*industrie*, — que, grâce à notre « don-quichottisme » économique, nous importent MM. les Italiens. Oui, frappons là, comme bien ailleurs, MM. Crispi e *tutti quanti;* frappons aussi les 4 millions de chanvres allemands, les 1,500,000 de l'Angleterre, dont nos « revenants » prendront très heureusement la place, et laissons *exempts*, — pour cause de bonne politique française internationale, — les chanvres russes (2,400,000 k.), belges (1,300,000 k.), autrichiens (200,000 k.) et espagnols-philippins (1,000,000 k.). — Onze à douze millions de kilos de chanvres à produire (ou plutôt à *re*produire), bonne aubaine pour les cultivateurs français, surtout pour ceux du Dauphiné et de sa bonne sœur la Savoie !

2° Il faudrait, en outre, rigoureusement ordonner aux fournisseurs de chanvres et de cordages aux arsenaux de la marine, d'exécuter loyalement la clause du cahier des charges leur faisant obligation de comprendre dans leurs livraisons la quantité de chanvres de l'Isère qui leur est imposée depuis nombre d'années (1). Il faut que, à la fois, le ministère de la marine prohibe de ses arsenaux les chanvres et cordages italiens et anglais, et augmente d'autant les quantités à fournir par l'Isère et la Savoie, dont les chanvres sont d'excellentes qualités.

Par ainsi, les chanvrières iséro-savoisiennes reviendront, prospéreront, au grand bénéfice de nos agriculteurs, et non de ceux de MM. Crispi, de Robilant, et des « *fara da se* ». En ceci, comme en bien d'autres choses de grand intérêt national, je ne « *barguignerais* pas », comme disent mes paysans congénères allobroges.

De même pour nos

6° FOURRAGES

(V. grand Tableau, n° 84),

dont, en 1885, nous avons reçu de l'Italie 4,264,382 kilos, et

(1) En 1878, lors de ma délégation pour l'Isère à l'Exposition universelle de Paris, j'ai découvert, à Paris même, que les cahiers des charges des fournisseurs de chanvres aux arsenaux maritimes leur imposaient de livrer 500,000 kilos de *chanvres* DE L'ISÈRE: et.... il n'en était rien ! Depuis longtemps, même dès avant 1878, l'Isère chanvrier n'a aucunes adjudications pour la Marine.

qui font rude concurrence à ceux qui, des Hautes et Basses-Alpes, de l'Isère, de la Drôme, descendent à Marseille.

Un léger droit, s'il vous plaît, au lieu de les laisser exempts.

Les deux Etats qui nous importent le plus de *Fourrages* sont, avec l'Italie (en 3e), la Belgique (plus de 5,500,000 k.) et l'*Allemagne* (5,700,000 k.).

Mêmes conclusions pour le

7° SON,

considéré comme Fourrage, qui, aussi, a « les pieds blancs » à notre douane, et dont l'*Italie*, en 1885, a importé en France 3,587,356 kilos, d'une valeur d'environ 5 millions de francs. Là, il faudra d'autant plus un droit d'entrée sur le Son italien que notre aimable voisine a inscrit 2 francs par 100 kilos dans le nouveau Tarif général qu'elle veut nous imposer à partir du 1er janvier très prochain.......(V. n° 55 du grand Tableau.)

8° BEURRES

Par le Tarif conventionnel de 1881, encore en vigueur jusqu'au 31 décembre prochain, nos Beurres ne payaient à l'Italie que 5 fr. les 100 kilos : son nouveau Tarif général hausse de 7 fr. ce droit, soit 12 fr. Nous recevons d'elle 1,488,756 kilos de beurre frais ou fondu, estimé 2 fr. 55 le kilo, et 1,117,521 kilos de beurre salé, à 2 fr. 10. — Haussons notre droit, et portons-le à 12, même à 15 fr.

9° FROMAGES DE PATES DURE ET MOLLE

(V. grand Tableau, nos 35-36.)

Leur droit d'entrée en Italie est considérablement haussé (20 %) ; imitons son exemple, et ce ne sera pas à dédaigner pour nos tristes finances, car elle nous en importe 1,900,000 kilos, d'une valeur d'environ 39 millions de francs. Beau débouché pour les « *suisses* » et chevriers de « la belle Ausonie ».

10° ANIMAUX VIVANTS

(V. grand Tableau, nos 1 à 15, et aussi à sa colonne d'*Observations*.)

C'est là un très gros sujet, qui a vivement passionné Législateurs, Agriculteurs, Consommateurs. En ceci surtout, je dois être d'une si extrême prudence dans mes appréciations personnelles, que je ne me permettrai pas d'en donner, surtout si je me prends à songer au cheptel plutôt qu'à l'alimentation. Pourtant, peut-être, puis-je timidement, car j'ai statistiques suffisantes et vraies sous les yeux, penser que les uns et les autres des antagonistes ont exagéré *attaque* et *défense*. Un proche avenir démontrera qui avait raison ou tort. Mais je crois utile, nécessaire même, de mettre sous les yeux des deux camps les nombres suivants des *animaux vivants* entrés et sortis en 1885, et de tous les Etats, Italie comprise ([1]) :

	IMPORTÉS.		EXPORTÉS.	
Chevaux entiers	**514**	têtes.	**1.499**	têtes.
— hongres	**8.274**	—	**13.921**	—
Juments	**1.591**	—	**7.717**	—
Poulains	**2.180**	—	**2.896**	—
Mules et Mulets	**255**	—	**18.013**	—
Anes et Anesses	**2.292**	—	**729**	—
Bœufs	**51.836**	—	**21.596**	—
Vaches	**46.528**	—	**21.453**	—
Taureaux	**3.355**	—	**526**	—
Bouvillons et Taurillons	**6.989**	—	**392**	—
Génisses	**4.561**	—	**5.305**	—
Veaux	**43.027**	—	**12.896**	—
Béliers, Brebis et Moutons	**1.963.534**	—	**43.079**	—
Agneaux	**7.502**	—	**3.789**	—
Boucs et Chèvres	**3.984**	—	**3.694**	—
Chevaux	**783**	—	**1.001**	—
Porcs	**63.643**	—	**81.763**	—
Cochons de lait	**67.572**	—	**14.113**	—
Totaux	**2.278.423**	têtes.	**253.682**	têtes.
	(D'une valeur de 160.883.396 fr.)		(D'une valeur de 75.339.376 fr.)	
	En 1884, 183.151.582 fr.		En 1884, 71.812.637 fr.	

A présent, les « plaideurs » ont les pièces sous les yeux. A eux de conclure. (Quant aux *Viandes fraîches et salées*, voir mon *observation* au grand Tableau, en face des nos 16-17).

11° GRAINS ET FARINES

(V. au grand Tableau, les nos 37 à 47, et les *Observations* y afférentes.)

En ceci, plus encore que pour les Bestiaux, le silence m'est une loi de nécessaire prudence. Mes lecteurs ont les pièces sous les yeux, dans mon grand Tableau (Colonne d'*Observations*).

12° FRUITS DE TABLE

(V. le grand Tableau, nos 49 à 52.)

Non compris citrons-oranges, dont j'ai fait audit Tableau une mention spéciale, et les *confits*, l'Italie a importé en France,

---

([1]) En ce qui concerne seulement l'Italie, V. au grand Tableau, nos 1 à 15, et sa colonne d'*Observations*.

toujours en 1885, 11,962,467 kilos de fruits frais ou secs. C'est une fort grosse somme ! Rien que pour citrons et oranges, nous lui avons versé, à 40 centimes le kilo en moyenne, près de 1,700,000 fr. En chiffres ronds, c'est environ 10 millions de francs que la France lui verse de ce chef, année moyenne. Elle ne lui en exporte que 2,276,753 kilos, soit pour environ 1,200,000 fr.

Jusqu'ici, cette catégorie était en partie exempte à l'entrée chez elle, mais son nouveau *Tarif général* change étrangement tout cela, car il est de plus en plus à remarquer que *lorsqu'elle reçoit de nous plus qu'elle ne nous exporte*, ledit osé Tarit ajoute ou surtaxe, *et vice versa*. Dira-t-on encore que c'est du « libre-échange » ? Ainsi, *démontrons* par comparaisons entre le régime actuel et celui de son prochain Tarif général :

Nous lui payons, ou payerions :

	Actuellement.	Au 1er janvier 1888.	
Raisins frais....................	Exempts.	7 fr. 50	les 100 kilos.
Oranges et citrons.............	2 fr. »	4 »	—
Dattes *(produit de notre Algérie...)*	Exemptes.	*12* »	—
Fruits *secs* (amandes, noix, noisettes, oléagineux)..............	Exempts.	Exempts.	—
Figues (*encore de l'Algérie...*)...	10 »	15 »	—
Raisins secs....................	10 »	*20* »	—
Non dénommés.................	2 »	*10* »	—
Fruits, légumes et plantes potagères dans vinaigre, sel ou huile..	8 »	*20* »	—
Idem, dans esprit-de-vin.........	40 »	*120* »	—

La démonstration est-elle catégorique ?

Que faire ? Suivre le *fraternel* exemple de notre amie « latine », et, même, surtaxer ses surtaxes. Elle nous fait une guerre de tarifs en attendant celle du canon ? Eh ! bien, à son aise ! Dans l'une comme dans l'autre, elle sera loin, bien loin... du Capitole. Elle nous égratignera, soit ; mais aux douanes comme aux champs de bataille, elle trouvera le naufrage qu'elle mérite.

Encore quelques lignes à propos des *Fruits de table*, et j'en aurai fini avec eux comme avec les *Vœux spéciaux*.

L'ensemble de leur importation par tous les Etats a été, en 1885, de 143,200,000 fr. Nos exportations, de 46,200,000 fr. seulement. Nous devrions et pourrions exporter trois ou quatre fois davantage, tout en doublant et même triplant notre consommation intérieure, à prix alors de moitié moins élevés que ceux d'il y a vingt ans. Que de millions de francs *de plus* dans la sacoche de nos agriculteurs, — 100 à 200 *possibles*, — s'ils plantaient arbres fruitiers partout où aucuns ne seraient nuisibles à autres cultures, dans d'innombrables coins et versants où prospéreraient telles ou telles variétés, qui égaieraient même le paysage en.... *reboisant* naturellement, sans ou presque sans frais.

Voyez tout l'Isère, voyez même bien des parties du rocheux Oisans !

Depuis vingt ans je prêche, et non pas sans efficacité, une croisade contre ce que j'appelle les *non-productions du Sol* ; mais le « progrès fruitier » est loin, bien loin de son *summum*.

Pourquoi, encore, les ponts et chaussées, les services voyers, ne mettraient-ils pas enfin en pratique ma vieille idée émise dès 1867, à l'Exposition universelle de Paris, de planter des arbres fruitiers, selon régions, sur les accotements des routes nationales, départementales et de grande communication? Il y aurait là, pour notre Budget en dérive, une belle source de recettes.

L'Italie, elle, a compris ce progrès en plantations d'arbres à fruits; aussi, depuis dix à douze ans, prend-elle, comme pour les vins, notre vieille place en Russie, en Allemagne, en Suède, aidée singulièrement en cela par ses compagnies de chemins de fer, qui transportent *ses* fruits et vins en grande vitesse aux tarifs de petite ; par ainsi, deux grands résultats : 1° prix de vente bien moins élevés que les nôtres sur les marchés étrangers ; 2° fraîcheur conservée aux fruits malgré des distances de plusieurs centaines de kilomètres.

Avec cela, tâchons d'obtenir de la Russie, de l'Angleterre, de l'Allemagne, de tout ce qui est au nord ou à l'est de l'Europe, des droits d'exportation moins élevés, et la France aura fait une très fructueuse Révolution « fruitière ».

13e A PROPOS DU PROJET D'UN NOUVEAU TRAITÉ AVEC LA GRÈCE.

La France et la Grèce (encore une de nos « reconnaissantes », encore une de ces Nations qui doivent beaucoup au sang, à l'or, au don-quichottisme français, surtout en 1827, chez elle, en Morée ; en 1878, au Congrès de Berlin) négociant en ce moment un nouveau Tarif conventionnel, il paraît opportun de donner quelques chiffres et appréciations sur les situations douanières franco-grecques.

Voici d'abord le mouvement d'*importations* de la Grèce chez nous (en francs) :

MARCHANDISES :	En 1880.	En 1885.
Produits naturels et matières premières.	2.700.000 fr.	1.900.000 fr.
— alimentaires (V. plus bas).....	22.500.000	51.500.000
— manufacturés (*rien*)..........	»	»
Marchandises non énumérées..........	1.900.000	700.000
Totaux.....	27.100.000 fr.	54.100.000 fr.

Comment se décomposent ces chiffres importateurs ?

Les voici :

	En 1880.	En 1885.
Raisins secs (quantités).........	21.300.000 kil.	*49.775.311 kil.*
Valeur officielle en face de notre douane :		
1 fr. le kilo	21.300.000 fr.	49.775.311 fr.
Vins..........................	»	37.699 hect.

En 1880, seulement pour 800.000 fr. de *vins* ; en 1885, pour 1.692.405 fr.

L'exportation française en Grèce n'a été, en 1880, que de 16.500.000 fr., dont 12 millions de *produits manufacturés* ; en 1885, bien moins : 10.800.000 fr., dont 7.400.000 fr. seulement de produits manufacturés. En quatre ans, nous y avons *perdu*, — par un *moins-exporté*, — près de 6 millions. Sur quoi ? C'est curieux, instructif :

Bâtiments de mer...................... (C'est-à-dire *pas un sou* en 1885.)	1.200.000 fr.	*de moins.*
Bimbeloterie..........................	200.000	*idem.*
Chapeaux de paille	200.000	*idem.*
Tissus en rubans de laine.................	900.000	*idem.*
Vêtements et pièces de lingerie cousues.....	*4.200.000*	*idem.*

Ces diminutions sont à la fois tristes et curieuses. On prend en Grèce notre vieille place pour constructions maritimes, les jouets, et, surtout, pour les vêtements confectionnés.

En résumé, aujourd'hui, que gagnons-nous avec la Grèce ? Autant dire rien. Que gagne la Grèce avec nous ? Environ 52 millions de francs (sur 54) rien qu'avec ses raisins secs, *à vin* pour la presque totalité, ce qui donne une fabrication d'environ 2,000,000 d'hectolitres.

Le Sénat a donc eu trois fois raison de rejeter les chiffres d'importation proposés par la Grèce pour ses vins (lesquels n'auraient payé que 2 ou 3 fr. l'hectolitre, tandis que les nôtres auraient, en réalité, été prohibés par un droit, m'a-t-on affirmé, de 20 à 22 fr.), comme pour ses raisins. Au besoin, rompons, si la Grèce ne consent à droits d'importation chez nous de 20 fr. par 100 kilos de raisins secs (au lieu des 6 fr. du Tarif général actuel), et de 25 fr. par hecto, à titre de *vins-liqueurs*, (au lieu des 4 fr. 50 actuels). Par un droit de 20 fr. sur les *raisins à vin*, j'entends surtout mettre fin à d'ignobles manipulations qui trompent les « *pauvrets*, » et dont bénéficient seuls, scandaleusement, les « *viniculteurs* » exploitant la Consommation et l'hygiène publiques.

IV

J'en ai fini avec les Vœux *généraux* et *spéciaux*. D'ailleurs, je suis aux ordres de l'intérêt général, de la « Chose publique, » s'il est nécessaire de développer tel ou tel autre sujet.

Pour le lecteur, pour moi qui suis fourbu de recherches, de chiffres, d'argumentations, je me hâte de terminer cette Etude, laquelle n'est si longue que parce que j'avais devoir patriotique de faire la vérité sur ces si graves questions, afin que « Pouvoirs publics et Opinion publique » fussent éclairés à propos des négociations douanières actuelles entre la France et l'Italie. En prenant congé, provisoirement seulement peut-être, des « attentifs » qui ont eu le courage de me suivre jusqu'à cet Epilogue, qu'ils me permettent de leur répéter ce que je dis dans le Préambule de cette Etude, ou plutôt ce que j'ai imprimé dès 1874-75 ici, dès le 13 janvier 1878 à Paris, ce que je n'ai cessé de crier sur tous les toits, en Sociétés, en bien des journaux :

1° En l'état actuel — producteur, consommateur, en même temps que politique — de *toutes* les Nations, le Libre-Echange n'est, ne peut être, de longtemps hélas ! qu'un grand, un sublime mot, car, outre une foule d'autres causes, il n'y a entre les divers Etats aucunes parités de forces productrices et consommatrices. Pour exemple convaincant, il suffit de comparer, à tous les points de vue, les Etats-Unis et l'Angleterre d'un côté, la France et l'Allemagne de l'autre. Et, soit dit en passant, M. de Bismarck et l'Allemagne nous ont donné, de par et depuis le traité de Francfort [1] ou à côté, ou au-dessus dudit traité, de remarquables leçons de bon sens économique, du *primo mihi* d'Etat ;

2° Que tout au plus le Libre-Echange sera-t-il possible lorsque « *les Etats-Unis d'Europe* », ce bon vieux rêve des *Humanitaires*, le mien aussi, cette illusion des utopistes du *Bien absolu*, seront devenus... un fait ;

3° Enfin que, sans être *protectionnistes* à la manière de ceux dont les *desiderata* agricoles ou industriels mèneraient fatalement la France Consommatrice à la vie de plus en plus chère, il est patriotique, il est *urgent* de sauvegarder dans de justes mesures, contre le dehors, notre Travail industriel, notre Production agricole, d'assurer par conséquent la prospérité de la Patrie, tout en ne les livrant pas pieds et poings liés, au dedans, à de grands monopoles, à de juives ligues des Capitaux de quelques-uns contre l'ensemble des consommateurs quelconques : les tribus de Lévi et de Juda pullulent tant de nos jours, que « le Temple » en est plus que bondé, profané, sans que rien les arrête ; *au contraire !* Les « juiveries » sont maîtresses de la France. A quand le *Vade retro* contre tant de cancers ?

---

[1] V. note au bas de la page 34.

Economiquement, politiquement, sociologiquement, notre France peut être sauvée encore. Mais, pour conquérir si grands résultats, n'ergotons donc plus sur des mots, outres gonflées de vent. Au lieu de rester aux surfaces, que ceux qui ne savent pas se donnent le patriotique devoir d'aller au fond des questions, — surtout de celles d'ordre économique, — non plus sur des *on dit* ou en suivant, en copiant des « partis pris », mais en interrogeant seulement documents et gens pouvant bien éclairer les questions.

Soyons donc, ô Français toujours Gaulois, un peuple enfin sérieux ! Comme Nation, ayons enfin moins de cœur et davantage de « Raison collective ! »

Grenoble, 25 octobre 1887.

B. NICOLLET.

www.ingramcontent.com/pod-product-compliance
Lightning Source LLC
Chambersburg PA
CBHW062009070426
42451CB00008BA/479
* 9 7 8 2 0 1 3 7 6 0 1 7 1 *